AF499597

5778

LA PROCHAINE

RESTAURATION

MONARCHIQUE

F. AUREAU. — IMPRIMERIE DE LAGNY

TYBALL-WACHSAM

LA PROCHAINE RESTAURATION MONARCHIQUE

Assez d'amour comme cela; essayons maintenant de la haine.

HERWEGH

PARIS
C. MARPON ET E. FLAMMARION, ÉDITEURS
RUE RACINE, 26, PRÈS DE L'ODÉON

AVANT-PROPOS

Le résultat des élections législatives du 4 octobre 1885 permit aux partis extrêmes de tenir les républicains en échec, et de les empêcher de constituer un ministère viable. On forma bien un Ministère Freycinet : mais la nouvelle Chambre ne semblait pas se rendre compte des véritables motifs de l'évolution du corps électoral. Le pays avait élu près de 400 républicains, et 200 monarchistes ; et les républicains modérés élus, parmi lesquels tout l'ancien Ministère Ferry, étaient deux fois plus nombreux que les intransigeants. Le pays avait ainsi clairement manifesté son aversion pour le radicalisme et son intention de mettre un frein à ses envahissements. Quant aux quelques circonscriptions électorales qui passèrent à l'intransigeance, elles doivent reconnaître aujourd'hui que leur verdict leur a été impudemment arraché, comme le fut, en 1868, le vote en faveur de l'Empire, et qu'on a odieusement abusé de leur jobarderie au moyen de légendes diffamatoires telles que cette fameuse affaire Bavier-Chauffour, l'un des mille traquenards tendus au suffrage universel par la mauvaise foi des intransigeants.

La nation fut consternée de la façon dont son avertissement qui, cependant, lui semblait à elle-même dépasser la mesure, fut interprété dans la nouvelle Chambre. Le niveau du Parlement venait de baisser singulièrement. Beaucoup d'épis pleins avaient été fauchés : les honneurs du scrutin avaient été pour quelques personnalités ridiculement décoratives. Les écervelés, les violents du parti républicain en devenaient les chefs. Des hommes que l'ancienne Chambre avaient eu le bon sens de ne jamais prendre au sérieux, devenaient les personnages les plus considérables de la nouvelle. Ces hommes s'emparèrent de la direction de la démocratie ; et leur premier mouvement fut de violer la constitution en imposant les volontés de la minorité à la majorité, et en poussant le pouvoir plus à gauche, comme pour jeter un défi au pays, qui avait incliné à droite. Quant aux modérés, loin de protester contre ce renversement de toutes les règles parlementaires, contre cette violation des vœux formels des électeurs, loin de se retirer au besoin de la Chambre et de laisser les intransigeants apprendre, en tête à tête avec la droite, qu'ils n'étaient point la majorité, ils laissèrent faire, avec une mollesse, avec une complaisance coupables, sans tenter le moindre effort pour la conservation de l'ordre républicain. Il n'y avait plus à compter sur eux. Décidément la leçon du 4 octobre n'avait été comprise par personne. Mais, comment l'accentuer? Le corps électoral ne devait pas tarder à être réduit à sortir de sa douloureuse perplexité[1].

Le Ministère fut renversé. M. Grévy ne voulant pas recourir à la dissolution, on constitua un ministère Clémenceau. Les républicains ne firent aucune opposition, et le désaccord alla grandissant, entre la nation et les pouvoirs publics. Le conseil municipal de Paris et M. Rochefort disposaient de la France. La démagogie triomphante envahissait peu à peu toutes les assemblées, tous les postes, toutes les fonctions de l'État. — Les intransigeants, donnèrent vite la preuve de leur inaptitude à gouverner; et, malgré l'Élysée, il devint urgent de ne plus laisser faire et de couper court à un essai dont la France et la République payaient durement les frais. L'optimisme inaltérable des opportunistes fut enfin découragé par le despotisme intolérant de la minorité qui, tout en exigeant leurs votes, leur interdisait toute influence et les excluait comme des brebis galeuses de toute participation au pouvoir. A l'extrême gauche, bien des appétits inassouvis criaient famine. On reprochait au Ministère sa modération forcée. Pourquoi n'appliquait-il pas son fameux programme, la mise en accusation de Ferry, la séparation de l'Église et de l'État, etc., etc.? parce que c'était inopportun? Mais alors, ceux qui avaient mis le corps électoral sens dessus dessous, ceux qui avaient coupé en deux le parti républicain, n'avaient, en réalité, d'autre programme que de prendre la place des opportunistes? C'est ce que le pays pensait également de la conduite des brouillons intransigeants. Il comprenait, un peu tard, que la politique de ces gens-là ne s'inspirait que d'ambitions malhonnêtes. Le Ministère Clémenceau fut renversé.

La dissolution s'imposait. Mais, qui allait faire les élections? L'Élysée ne voulait à aucun prix d'un Ministère Ferry : l'ancienne majorité républicaine aurait pu revenir! On fit un Ministère Jules Simon-Wilson avec M. Allain Targé à l'Intérieur. Le Sénat vota la dissolution.

Pendant la période électorale, M. Jules Grévy, devenu très dangereusement malade, dut renoncer à sa haute magistrature. Le Sénat se réunit alors, conformément à la loi constitutionnelle du 16 *juillet* 1875 (*Art.* 3).

M. Allain Targé servit la République aux élections de 1886 *comme il l'avait fait en* 1885. *Il suspendit le cours des lois, en faveur des intransigeants et de ceux qui leur avaient dit : « N'accomplissez-vous pas une partie de notre besogne, et la plus difficile?*

Quand vous assommez l'opportunisme, pouvons-nous mieux faire nous-mêmes... Vous aider à vous ruer sur la République, voilà notre jeu... » Il laissa les énergumènes menacer, provoquer, intimider, diffamer, propager de fausses nouvelles. C'est ce qu'il appelait être libéral. En réalité, c'est le contraire du respect du suffrage universel, c'est de la candidature officielle en faveur des ennemis de la liberté du suffrage universel. La bourgeoisie vilipendée, maltraitée, et n'ayant plus à compter sur les opportunistes s'abstint en masse. Les paysans, estimant qu'un gouvernement qui ne se fait pas respecter n'est pas respectable, ne comprenant rien à une autorité libérâtre *qui ne réprimait pas les délits électoraux, les provocations et les voies de fait, sous le prétexte comique de respecter la liberté de ceux qui s'en rendaient coupables, votèrent contre la République.*]

Le Comte de Paris, ou, comme le surnommait ironiquement le faubourg Saint-Germain, le vicomte de Chambord, vit bien que, grâce à la complicité inconsciente de M. Allain Targé, il était maître de la situation. Il mena vigoureusement la campagne électorale, et le pays envoya une majorité conservatrice de 350 *membres.*

Le Congrès fut aussitôt réuni, et la majorité monarchique, renforcée de quelques défectionnaires du centre gauche, proclama le rétablissement de la Mo-

narchie à 40 voix de majorité. Une nouvelle constitution était prête : on la vota séance tenante. Le Comte de Paris devenait roi de France. Le Sénat était supprimé et remplacé par une Chambre des pairs. Paris était mis provisoirement en état de siège.

Le nouveau gouvernement promit d'être libéral et, pour donner des gages à la démocratie toujours puissante, il admit dans son sein plusieurs membres ambitieux de l'extrême gauche, qui firent semblant de croire à la sincérité de la Monarchie et se dévouèrent. *On imitait Louis XVIII, mais, au fond, on voulait tenir en bride la démocratie, puis la déconsidérer et la diminuer dans la personne de ses représentants les moins estimés.*

Quelques mois après cette restauration, survinrent les événements dont il est question dans le présent livre.

TYBALL-WACHSAM

LA PROCHAINE
RESTAURATION
MONARCHIQUE

EXTRAIT DU *Moniteur Universel*

CHAMBRE DES DÉPUTÉS

Présidence de M. BUFFET

SÉANCE DU 1er JUILLET 1887

La séance est ouverte à 2 heures.

Plusieurs projets de lois d'intérêt local sont déposés sur le bureau du Président.

M. le Président. — La parole est à M. le Président du Conseil, Ministre des Affaires étrangères, pour répondre à la question que lui a adressée M. Jules Ferry, au cours de la dernière séance.

(Une émotion indescriptible règne sur tous les bancs de la Chambre et dans les tribunes publiques.)

M. le Président du Conseil. — Messieurs, je viens répondre à la question que l'honorable M. Jules Ferry m'a adressée à la fin de la dernière séance ; je viens faire connaître à la Chambre le résultat des négociations entreprises par le Gouvernement de Sa Majesté, pour résoudre, dans un sens favorable aux intérêts de la France, les difficultés qu'ont fait surgir la mort de la princesse Wilhelmine, reine mineure de la Hollande, et, par suite, l'extinction de la branche directe d'Orange-Nassau, et la vacance du trône des Pays-Bas. J'ai déjà eu l'occasion de vous entretenir de ces complications : je me contenterai, aujourd'hui, pour plus de clarté, de vous les rappeler sommairement.

Dès l'ouverture de la succession hollandaise, le Cabinet de Berlin est intervenu, dans le dessein de satisfaire les convoitises qu'il dirige depuis des années vers les côtes de la Hollande, et d'imposer à ce pays une alliance militaire et commerciale.

L'occasion est singulièrement favorable à ce dessein. C'est, en effet, une princesse allemande, la princesse Sophie, Grande-duchesse de Saxe-Weimar-Eisenach, que l'ordre de succession, établi par la Constitution, appelle au trône des Pays-Bas.

Mais la Constitution hollandaise a prévu précisément le cas où, pour sauvegarder l'indépendance nationale, il deviendrait nécessaire d'exclure les familles étrangères de la succession au trône.

L'article 23 de cette Constitution dispose que « des circonstances particulières pourraient rendre nécessaire quelque changement dans l'ordre de succession au trône. » (Mouvements divers.)

Le Parlement des Pays-Bas vient de se réunir en congrès, afin d'examiner si les événements actuels rentrent dans la catégorie de ceux qui, aux termes de la Constitution, nécessitent et justifient un changement dans l'ordre de succession. Le Cabinet de Berlin a entamé aussitôt des négociations avec le Cabinet de la Haye. Son intention, dont il ne fait point de mystère, est de soutenir les droits de la grande-duchesse de Saxe-Weimar-Eisenach. L'Empereur est décidé à considérer comme un acte de défiance et d'hostilité directe contre l'Empire, toute décision qui porterait atteinte aux droits légitimes d'une princesse allemande. (Rumeurs sur tous les bancs de la Chambre.)

Toutefois, messieurs..... (Écoutez ! écoutez !) le Cabinet de Berlin a bien voulu adoucir la forme sous laquelle il avait d'abord manifesté ses prétentions, et faire proposer officieusement aux pouvoirs hollandais une transaction dont voici les conditions :

A la mort du roi Guillaume, le grand-duché de Luxembourg a passé, pour les raisons que vous savez, à la maison ducale de Nassau. Mais le grand-duché n'en est pas moins resté puissance neutre, et jusqu'à ce jour, il n'a pas été question de relever les fortifications de Luxembourg, et d'y placer une garnison prussienne. Le plan de l'Allemagne consisterait à passer outre, purement et simplement, aux décisions de la Conférence de Londres. Le grand-duché serait rattaché à l'Empire. (Bruit.) Le duc de Nassau, réconcilié avec l'Allemagne, deviendrait roi de Hollande. L'Empire s'engagerait à dédommager la famille de Saxe-Weimar-Eisenach. (Explosion de murmures.)

Voix diverses. — C'est indigne ! — L'Europe ne peut

pas les laisser se moquer d'elle aussi impudemment! (Ecoutez ! écoutez !)

M. le Président du Conseil. — Vous l'avez compris, messieurs ; d'une façon ou d'une autre, l'Allemagne entend profiter de sa situation pour venir à bout de ses desseins ambitieux sur la Hollande.

Outre les événements de la Hollande, qui lui sont propices, l'Allemagne a certaines raisons de trouver l'occasion opportune. Nous avons, de notre côté, tout sujet de croire qu'elle ne négligera pas cette occasion. L'Europe est, pour ainsi dire, absente. La Russie et l'Angleterre sont engagées dans une guerre lointaine dont le dénouement ne paraît pas prochain. L'Italie ne s'établit pas sans difficultés dans la Tripolitaine. Les autres États sont ou favorables à l'expansion de l'Allemagne, ou impuissants à y faire obstacle. (Mouvements divers.) Seule, la France est là ; seule, elle est en état de veiller au maintien des traités qui garantissent la neutralité du Luxembourg et de la Hollande ; seule, en ce moment, elle se trouve en mesure de prendre en main la cause de l'équilibre européen menacé une fois de plus par l'ambition germanique !

Voix à gauche. — Ah ! ah ! Mais où cela va-t-il nous conduire ? (Bruit. — Au centre : Écoutez ! écoutez !)

M. le Président du Conseil. — Messieurs, il est un point sur lequel nous serons tous d'accord. Si l'Allemagne arrive à ses fins, un coup terrible est porté au prestige et à la puissance effective de l'Angleterre et de la France. Eh bien, le Gouvernement de Sa Majesté ne veut pas avoir à répondre du tort immense qu'il causerait à l'Europe et à la France, en s'abstenant de faire ce que tous les hommes de bonne foi appelleront son devoir. (Longs applaudissements à droite.)

Voix à gauche. — Mais de quelle façon? Allons-nous tirer les marrons du feu pour les autres? Que les nations européennes veillent à leurs intérêts et nous, aux nôtres.

Voix au centre. — Attendez donc de savoir ce qui a été fait, et laissez parler.

M. le Président du Conseil. — Messieurs, ne jugez pas nos actes avant d'en connaître les motifs. Votre patriotisme, j'en ai la ferme conviction, vous fera tout à l'heure un devoir de les approuver. (Oh! oh! Alors écoutons.)

Alarmé des tentatives annexionnistes de l'Allemagne, et informé de notre ferme intention de maintenir nos droits, le Cabinet de Londres s'est joint spontanément à nous. Les ambassadeurs de France et d'Angleterre ont fait au Cabinet de Berlin des représentations très énergiques. (Applaudissements à droite et au Centre.) Conformément aux instructions absolument identiques qu'ils avaient reçues de leurs gouvernement respectifs, ils ont déclaré que la France et l'Angleterre ne pourraient tolérer ni le rattachement du grand-duché de Luxembourg à l'Empire, ni l'intronisation du duc de Nassau ou d'une famille allemande quelconque en Hollande. Une telle violation des traités réduirait à néant les garanties qu'elle tiennent de la volonté de l'Europe : elles sont décidées à ne pas y renoncer. (Applaudissements prolongés au centre et à droite.)

Voix à gauche. — Tout à l'heure vous applaudirez la guerre contre l'Allemagne.

Autre voix à gauche. — C'est la guerre de joyeux avènement! (Cris : A l'ordre!)

L'interrupteur est rappelé à l'ordre.

M. le Président du Conseil. — Vous parlez de la guerre, Messieurs! Il faudra bien la faire, s'il est impossible de l'éviter! (Un violent tumulte se produit. La Gauche se dresse en proférant des cris de menace à l'adresse du gouvernement et de la majorité.)

M. de Baudry d'Asson, dans l'hémicycle. — Oui, ce sera la revanche, la vraie et sainte revanche, et la France n'attendait que son Roi pour la prendre!

Le Président rétablit l'ordre à force d'objurgations.

M. le Président du Conseil. — Je comprends, Messieurs, et je respecte la patriotique émotion qui s'empare de cette Assemblée : je la ressens moi-même. Mais nous devons dominer les sentiments qui nous agitent, dans l'intérêt de cette discussion, et surtout dans l'intérêt de la France! (Très bien! à droite.)

Messieurs, je ne puis laisser dire que le Gouvernement se laisse entraîner dans une guerre d'ambition, dans une guerre de joyeux avènement, comme on l'a dit tout à l'heure.

Je vais essayer de vous prouver que, s'il est contraint de recourir à la force, à l'*ultima ratio*, ce ne sera pas... (A gauche : Mais alors, c'est bien la guerre? — A droite : Laissez donc parler! à l'ordre! Au centre : Allez vite aux faits, Monsieur le Ministre!)... ce ne sera pas sans avoir épuisé tous les moyens de transaction compatibles avec l'honneur et l'intérêt de la patrie. (Applaudissements à droite.)

Messieurs, l'ambassadeur d'Angleterre n'a reçu jusqu'à ce jour aucune réponse officielle : du moins nous n'en avons pas été avisés. Mais l'Empereur a bien voulu recevoir l'ambassadeur de Sa Majesté, et voici ce que je puis vous faire connaître du résultat de leur entretien.

Voix à gauche. — Dites tout! — à droite : Non! non!

M. le Président du Conseil. — Si vous voulez bien m'écouter, Messieurs, vous allez voir que le résultat de cette entrevue ne saurait être modifié par les détails superflus que vous me demandez. (Sensation prolongée. Écoutez! écoutez!)

Le Cabinet de Berlin a bien compris que le Roi de France, malgré son vif désir de conserver la paix...

Voix à gauche. — Vieil air, et vieille chanson! (Cris, à l'ordre!)

Le Président. — Messieurs, je vous prie de ne pas interrompre à tout propos. Il est impossible de traiter avec clarté une aussi grave question, si les interruptions coupent à tout instant la parole de l'orateur.

Les membres de la Chambre qui se proposent de prendre part aux débats ont tout intérêt à ce que la tribune soit absolument libre. Quant aux autres, je leur appliquerai le règlement avec sévérité, s'ils interrompent M. le Président du conseil, surtout par des paroles irrespectueuses envers le Gouvernement que la France s'est librement donné. (Applaudissements à droite et au centre.)

M. le Président du Conseil. — Je disais, Messieurs, que le roi de France, malgré son vif désir d'éviter une guerre, n'hésiterait pas à recourir au besoin à la force, au nom même de ses sentiments pacifiques, pour préserver l'Europe des maux irrémédiables que l'absolue liberté d'action de l'Allemagne ne manquerait pas de déchaîner. Je disais, en même temps, que le Cabinet de Berlin avait bien compris qu'il n'entrerait jamais dans les vues du Gouvernement français de se dérober à cette obligation. L'Empereur est si bien pénétré de cette idée, qu'il nous a proposé de résoudre, par un arrangement à l'amiable, un conflit d'intérêts qui menace de dégénérer en conflagration européenne. L'Empereur estime que cet arrangement aurait pour effet d'éviter la rupture de l'équilibre des puissances allemandes et françaises qui fait l'objet de nos légitimes appréhensions et qui serait la conséquence fatale de la politique allemande. (Mouvement général d'attention.) Voici l'arrangement proposé par l'Empereur.

La Hollande, où résonne la langue allemande, serait considérée désormais comme une terre allemande. Il en serait de même pour le Luxembourg. La France, invoquant à son tour le principe des nationalités, imposerait à la Belgique, terre de langue française, une alliance militaire et commerciale. (Violent tumulte. Les propos les plus véhéments s'entre-croisent. Le Président a grand peine à rétablir l'ordre.)

Il va sans dire, Messieurs, que les deux puissances régleraient d'un commun accord les conditions de ces protectorats d'un genre nouveau, et qu'elles se garantiraient mutuellement, par traité en bonne forme, la prise de possession et la conservation de leur conquête.

Voix à droite. — C'est odieux! qu'ils nous restituent d'abord l'Alsace et la Lorraine!

M. le Président du Conseil. — Jamais, Messieurs, jamais, à aucun prix, j'en fais le serment solennel, un tel pacte ne sera accepté par le Gouvernement du Roi de France! Nous n'avons pas le droit de faillir aux traditions de droiture et de loyauté qui ont toujours été l'honneur de la politique française. Ces traditions nous dictent notre devoir, qui est de répudier hautement des procédés dont nos fils auraient à rougir! (Applaudissements prolongés au centre, à droite, et sur les bancs de l'extrême gauche.)

Je dis plus, Messieurs : un tel pacte serait pour la France la plus impolitique et la plus périlleuse des aventures. (Applaudissements sur les mêmes bancs.

— Protestations sur les bancs où siègent les républicains.)

Une voix républicaine. — Rien n'est moins prouvé. Il s'agit d'examiner si cet arrangement serait une aventure plus redoutable qu'une guerre avec l'Allemagne.

M. le Président du Conseil. — Je m'étonne, Messieurs, des protestations que soulève une assertion qui devrait se passer de commentaire. Quelqu'un, dans cette enceinte, voit-il, dans l'arrangement proposé, autre chose qu'un marché de dupes? (Très bien.)

M. Laguerre, — sous-secrétaire d'État à Justice. *Timeo Danaos, et dona ferentes* ! (Approbations et rires à droite.)

M. le Président du Conseil. — Messieurs, deux solutions s'offrent à nous.

Accepter les propositions du Cabinet de Berlin, c'est inaugurer une politique ambitieuse et téméraire, dont les bénéfices sont rien moins qu'assurés. La Belgique n'accepterait qu'à son corps défendant la domination étrangère, et jamais l'Europe ne considérerait cette domination comme légitime. Quant à la nation anglaise, elle aurait contre nous un grief inoubliable.

Sans doute, la France surmonterait aisément les difficultés matérielles de la conquête : mais la population belge ne serait-elle pas aussi réfractaire à notre influence que la population néerlandaise est favorable à l'influence allemande? (Très bien ! Très bien !)

Ne serait-ce donc pas avoir fait un marché de dupes, que de nous être aliéné l'Angleterre, de l'avoir amoindrie, d'avoir laissé l'Allemagne s'agrandir démesurément; tout cela pour un profit si maigre, si problématique, si indigne enfin de la diplomatie française, qui, pour l'obtenir à grand peine, se créerait le remords d'avoir participé, dans un espoir cupide, à la violation des traités sur lesquels repose l'équilibre européen? (Bravos et applaudissements prolongés, au centre, à droite et à l'extrême gauche. Réclamations à gauche.)

M. Jules Ferry. — Je demande la parole. (Violentes protestations à droite et à l'extrême gauche.)

M. le Président du Conseil. — D'un autre côté, Messieurs, si nous refusons de nous laisser entraîner dans le piège où veut nous attirer la diplomatie prussienne...

Voix à gauche. — C'est la guerre! C'est l'inconnu!

M. P. de Cassagnac. — C'est la guerre! Je le crois bien!

M. de Baudry d'Asson. — L'honneur du royaume est en péril : c'est la revanche qui s'offre à nos rois, comme le premier devoir du trône reconquis. Dieu le veut!

Voix à gauche. — Allons donc! vous ramenez la France à Sedan. Votre monarchie s'écroule avant d'avoir vécu. Vous achevez la France!

Voix à droite. — Nous la relevons de la boue et de l'ignominie de la République! (L'extrême gauche reste silencieuse. De violents interpellations se croisent entre la majorité et la gauche.)

Le Président. — Messieurs, je vous supplie de ne pas oublier que l'heure est solennelle pour notre patrie. Nous manquerions à nos plus impérieux devoirs, si, loin de délibérer dans ces conjonctures difficiles comme il convient aux représentants d'un grand peuple, nous offrions à l'Europe, en face de l'ennemi, le spectacle attristant de nos discordes. (Applaudissements.) Veuillez écouter l'orateur et ne pas rendre sa tâche impraticable.

M. le Président du Conseil. — Messieurs, c'est à votre patriotisme, c'est au sens politique de la Chambre entière que je fais appel, pour obtenir que cette discussion soit dégagée de toute passion et de tout esprit de parti. Le Gouvernement, je tiens à le proclamer à cette tribune, n'apporte dans la gestion des intérêts de la France aucune pensée belliqueuse, aucun sentiment politique étranger au souci exclusif de la prospérité et de la gloire de notre commune patrie! Nulle considération secondaire ne saurait nous distraire aujourd'hui du seul idéal digne des hommes qui disposent de la puissance et de l'honneur national. Pour nous, tant que nous conserverons la confiance du Roi et du Parlement, nous travaillerons au bonheur de la France: et si les intérêts supérieurs qui s'y rattachent sont menacés, nous saurons les défendre avec modération, mais sans hésitation et sans faiblesse! (Acclamations répétées. — Longs applaudissements. — Rumeurs à gauche.)

Eh, bien, messieurs, si la France, sourde aux avances suspectes du Cabinet de Berlin, prend une attitude énergique, et annonce sa loyale résolution de s'employer au maintien de l'équilibre européen, qu'adviendra-t-il?

Voix à gauche. — Que les Allemands passeront outre.

M. le Président du Conseil. — Peut-être! mais j'en doute. Ce qui me paraît plus vraisemblable, c'est que l'Europe, envisageant le péril commun, croirait devoir mieux faire que nous prêter un appui moral; c'est également que les Anglais s'opposeraient, au besoin par la force, à l'établissement de la puissance allemande sur le littoral de la mer du Nord; c'est encore que le peuple belge, touché de la haute moralité de notre politique, prendrait parti pour nous, ou garderait du moins à notre égard une neutralité bienveillante. Enfin, il est permis d'espérer que les États généraux de Hollande, encouragés par notre ferme attitude, opposeraient aux suggestions allemandes une fin de non recevoir qui donnerait à réfléchir au Cabinet de Berlin. Ce qui est, non pas vraisemblable, mais évident pour moi, c'est qu'une telle attitude rendrait solidaires, en face de l'Allemagne, les droits, les intérêts et les griefs de l'Angleterre, de la Belgique et de la Hollande avec ceux de la France. (Applaudissements à droite et au centre. Très bien! très bien! c'est évident! Rumeurs et bruits de conversations à gauche.)

Telle est, messieurs, la politique loyale et ferme

qu'avec l'assentiment de Sa Majesté, le Gouvernement a cru devoir adopter. Nous espérons que vous voudrez bien y donner votre adhésion. (Bravos! Très bien! très bien! Oui, oui! — Applaudissements.)

Ainsi, messieurs, c'est du Parlement néerlandais que dépend maintenant la paix ou la guerre! (Sensation prolongée.) Ayons confiance en son patriotisme et en sa clairvoyance. S'il repousse l'ingérence du Cabinet de Berlin dans les affaires de Hollande, s'il se montre décidé à sauvegarder coûte que coûte l'indépendance et la neutralité de ce pays, l'Allemagne y regardera à deux fois avant de s'aventurer dans une entreprise inique et violente, qui risquerait de soulever contre elle l'Europe entière.

Mais, si l'Allemagne passe outre au refus du Congrès, ou si, par malheur, elle réussit à lui faire accepter son alliance, elle est prévenue que les nations lésées par une telle usurpation se considéreraient comme victimes d'une véritable agression, et que le Roi de France n'hésiterait pas à relever le gant. (Bravos répétés. — Applaudissements à droite. — Protestations à gauche.) — Nous ne saurions donc accepter une annexion plus ou moins dissimulée : il nous faut une renonciation sincère et nette de l'Allemagne à ses visées sur la Hollande.

Préparez-vous donc, Messieurs, aux plus graves éventualités! Demain, peut-être, nous aurons à soutenir une véritable guerre de défense nationale! (Vive agitation sur tous les bancs de la Chambre, et dans les tribunes publiques.)

Voix à gauche. — Sommes-nous prêts, au moins, M. le ministre?

M. le Président du Conseil. — Messieurs, nous ne comptons pas seulement sur la légitimité de notre cause : nous sommes persuadés que notre armée est de taille à sortir victorieuse d'une lutte formidable. Rien n'a été négligé pour qu'en cas de guerre l'impulsion initiale soit donnée, chez nous, dès le début, avec toute la méthode, toute la netteté, toute la rapidité désirables.

Voix à gauche. — C'est la République qui vous a préparé une armée et une flotte! (Rumeurs et protestations à droite.)

M. le Président du Conseil. — Je n'hésite pas à reconnaître, Messieurs, que, pendant les quinze années qui ont suivi les désastres de 1870, la France a su travailler courageusement à son relèvement, et que, malgré bien des erreurs et bien des excès, elle nous a procuré les éléments d'une puissance imposante que la Monarchie saura diriger et utiliser.

M. Jules Ferry. — Il est heureux que vous rendiez justice à la République. Elle n'a pu faire cependant tout le bien que, dans l'intérêt de votre cause, vous lui prêtez aujourd'hui. Je m'expliquerai tout à l'heure.

M. le Président du Conseil. — Le Gouvernement ne s'est pas laissé surprendre par les événements. En prévision du conflit qui menace la paix de l'Europe, il a pris ses mesures avec une vigilante sollicitude, de façon qu'au premier coup de clairon, la puissance française soit en garde, face à face avec l'ennemi héréditaire! (Applaudissements répétés à droite et au centre.)

Messieurs, le gouvernement vous prie de mettre à sa disposition un crédit de 600 millions. Ce crédit lui permettra de prendre de nouvelles précautions en vue d'une guerre que vous aurez peut-être à voter demain! (Vive agitation.)

(Le ministre des Affaires étrangères retourne à son banc. Tous les députés de la droite et du centre se lèvent et poussent les cris de Vive le Roi! Vive la France! L'extrême gauche est très agitée. La gauche reste silencieuse.)

M. le Président. — La parole est à M. Jules Ferry. (Réclamations à droite: Non! non!)

Voix à droite. — C'est une honte! Cet homme ne doit pas parler!

M. Jules Ferry. — Messieurs, je m'efforcerai d'abréger les observations que j'ai à vous présenter. Je ne veux pas lasser votre attention; je vous prie donc de me l'accorder toute entière.

Je n'ai pas la prétention, Messieurs, de faire naître dans vos esprits les appréhensions que j'éprouve en songeant que la guerre formidable où l'on nous entraîne pourrait bien être le dénouement tragique des destinées de la France. (A droite : Allons donc!) Les sentiments qui agitent cette assemblée ne sont pas, je le crains, de ceux que les conseils de la froide raison pourraient modifier. (A droite : Nous n'avons pas besoin de vos leçons. — Et la Tunisie, et le Tonkin? — Vous aimeriez mieux nous voir expulser les Jésuites?)

Veuillez me laisser m'exprimer, Messieurs. Laissez-moi vous dire, pour répondre en même temps à l'honorable interrupteur qui ne veut pas de mes leçons, que si je viens faire entendre, au milieu des bravos enthousiastes de la majorité, une note discordante, c'est au nom des républicains de cette Chambre, qui tiennent à faire part au pays de l'émoi, de la défiance que leur inspire la politique extérieure du Gouvernement et qui sont d'avis qu'une politique plus circonspecte eût pu prévenir les malheurs dont la France est menacée, ou du moins les ajourner et les restreindre...

M. le président du Conseil. — Mais non ! c'est une erreur.

M. Jules Ferry. — Je parle aussi en ma qualité de député de l'un des départements destinés à subir la plus lourde part des rigueurs de la guerre que vous déchaînez. Ces départements méritent que vous rendiez à leurs représentants l'hommage d'une déférence au moins apparente. (Explosion de murmures à droite.) — Eh quoi ! vous protestez, Messieurs ? Après la terrible leçon de 1870, ne craignez-vous pas de revenir à ces mœurs parlementaires, à ces humiliantes séances de juillet 1870... (A droite : Allons donc !) où les conseils des hommes prudents furent étouffés par des cris d'énergumènes ? (Cris à l'ordre !) Une présomptueuse et folle majorité osait alors traiter de Prussiens les patriotes clairvoyants qui, pénétrés d'amour pour la France, n'avaient que trop raison de trembler pour elle. Vous ne l'imiterez pas! (Longs applaudissements à gauche. — Rumeurs à droite.) Car si vous aviez la faiblesse de l'imiter, de quel droit viendriez-vous, aujourd'hui, prétendre que nous sommes prêts à soutenir une guerre légitime, et que, cette fois, le Parlement n'est plus, comme en 1870, dupe de ses patriotiques illusions? (Vif assentiment à gauche.)

Ne refusez donc pas les conseils, surtout les conseils prudents. Dans les circonstances où nous sommes, nous ne saurions trop nous défier de nous-mêmes. Car, quel que puisse être le résultat d'une guerre, si nous la déclarions à la légère quand l'issue en est incertaine, et quand il est possible de l'éviter, nous serions impardonnables, et l'on dirait qu'allant ainsi au-devant des mêmes fautes et des mêmes expiations, nous nous faisons les complices de la fatalité! (Salve d'applaudissements à gauche!)

Messieurs, je ne viens pas me poser à cette tribune en avocat d'une politique humble et hésitante. Personne, aujourd'hui, du moins je l'espère, ne me reprochera d'avoir laissé amoindrir le prestige du drapeau, tant que j'ai eu l'honneur de diriger la politique de ce pays. (Rumeurs à l'extrême gauche.) Si quelque chose peut tempérer les sentiments d'amertume des citoyens à qui la démocratie française avait accordé sa confiance avant de se laisser ravir la libre disposition de soi-même, c'est certainement la conscience d'avoir relevé le prestige du pavillon national, d'avoir planté ce pavillon sur des territoires où il abrite, aujourd'hui, des populations qui ont appris à redouter notre puissance, et qui bientôt seront heureuses et fières de contribuer à l'agrandir. (Bravos et applaudissements à gauche.)

Voix à droite. — Quelle impudence! à la question! — Vous avez faits de jolies choses : vous avez gaspillé le sang et l'or français.

M. Jules Ferry. — Messieurs, je ne puis répondre qu'une chose à ces protestations : si le gouvernement actuel est mécontent de l'empire colonial conquis par la République, que ne l'abandonne-t-il? Le fait ne serait pas nouveau dans l'histoire de la Monarchie française. (Très bien ! très bien ! à gauche, — murmures à droite et à l'extrême gauche.)

La gloire de la diplomatie républicaine sera d'avoir renoué la tradition nationale qu'avait abandonnée la monarchie défaillante, d'avoir voulu, selon l'expression d'un éloquent évêque, « prolonger la patrie sous d'autres latitudes » et d'avoir compris que, si la France voulait compter en Europe, elle était tenue, comme « chaque peuple jaloux d'assurer son avenir, de marquer d'avance sa place et de planter ses jalons sur la future carte du globe. » En mettant à profit des circonstances créées par les adversaires de la République, pour tenter la formation d'un empire indo-chinois, et pour rétablir ainsi l'équilibre rompu par la perte des Grandes Indes, le gouvernement républicain a été réellement conservateur du patrimoine national : il l'a géré, comme on dit au

Palais, en bon père de famille. Et nous pouvons dire aujourd'hui aux factions coalisées qui n'ont pas su ou qui n'ont pas voulu entrer dans une conception politique si honnête et si élevée, que nous avons succombé pour avoir trop loyalement servi la France, toute la France, celle du passé et celle de l'avenir! (Triple salve d'applaudissements à gauche. — Exclamations et murmures à droite et à l'extrême gauche.)

Voix à droite. — Ce n'est pas vous qui avez conquis ces colonies : c'est l'armée, c'est la flotte, c'est la France. Vous n'êtes, vous, qu'un avocat.

M. Jules Ferry. — Messieurs, quand le gouvernement de la République se trouva aux prises avec les difficultés de cette politique coloniale que je viens de justifier, c'est lui qu'on rendit responsable de toutes les erreurs de détail, c'est lui qui fut le bouc émissaire de toutes les critiques. L'armée et la flotte marchaient, disait-on, à contre-cœur. On donnait à leurs prétendues récriminations tout le retentissement possible. On allait jusqu'à les exciter au mépris de l'autorité établie. Aujourd'hui, les faits sont accomplis, et voilà que vous refusez d'en rendre hommage à ceux qui prirent l'initiative de cette œuvre, et qui, pour parvenir à leurs fins, eurent à surmonter les obstacles que vous leur suscitiez vous-mêmes! Libre à vous : l'histoire nous jugera. (Bruit.)

On me reproche de n'être qu'un avocat... j'en suis désolé. Mais était-il en mon pouvoir de me faire général, ou cardinal, ou académicien, seules professions qui, paraît-il, soient compatibles avec l'esprit politique? (Rires et bravos à gauche. — A droite : A la question ! — Le bruit des conversations couvre la voix de l'orateur.)

Le Président, rappelle l'orateur à la question.

M. J. Ferry. — L'heure n'est pas aux récriminations, je le sais bien : mais vous m'avez mis, pour ainsi dire, en demeure, par vos interruptions, de défendre le gouvernement de la République contre d'injustes attaques. Je n'ai apporté à cette tribune, croyez le bien, que le parti pris de servir ma patrie dont la sécurité est menacée par une politique qui m'effraie.

Selon M. le Président du Conseil, le règlement de la succession de Hollande ne comporte que deux solutions :

Ou nous suivrons l'Allemagne dans sa politique aventureuse et conquérante, ce qui serait faire un marché coupable et un marché de dupe;

Ou nous prendrons une attitude énergique. Le Parlement de Hollande comptera alors sur nous ; l'Allemagne aura contre elle la conscience et peut-être les forces de l'Europe, et, dans ces conditions, il sera plus opportun de lui déclarer la guerre et plus aisé de la vaincre.

M. le Président du Conseil. — Mais nous comptons précisément sur cette attitude pour éviter une guerre. (A droite : Mais oui! c'est cela !)

M. J. Ferry. — J'entends : vous prétendez intimider l'Allemagne. Vous l'obligeriez, pensez-vous, à renoncer temporairement à ses prétentions sur la

Hollande. Mais ne voyez-vous pas qu'arrêtée par votre intervention, elle se retournerait irritée, pour diriger tous ses efforts contre la France, et pour briser définitivement la seule digue qui puisse contenir son ambition conquérante? (Mouvement général d'attention.)

Messieurs, je ne puis, sans protester, laisser dire que la vérité soit emprisonnée dans le dilemne captieux présenté par M. le Président du Conseil. Je ne puis laisser dire que, pour sortir de la situation où nous sommes, il n'y ait pas quelque autre voie plus sûre que celles qu'on nous montre, et tout aussi digne d'une diplomatie adroite et fière. (Écoutez! Écoutez!)

Messieurs, partons je vous prie de ce point, que, pour le moment, l'essentiel est d'éviter la guerre, s'il est possible de le faire sans préjudice pour la France ; et, si la guerre s'impose, de l'ajourner jusqu'à ce que nous y soyons entièrement préparés. (Bruit et interruptions à droite. — Marques d'assentiment à gauche.) Sur cette expression, *entièrement préparés*, je m'expliquerai tout à l'heure.

Éviter une guerre immédiate qui serait, à mon sens, très périlleuse, ou, tout au moins, gagner du temps, telle est la politique que je vous propose. (Applaudissements à gauche. — Murmures à droite. Bruit et interruptions diverses.) Ne refusez pas d'écouter une proposition qui tend à permettre à la France de sortir d'embarras sans prendre les armes... ce serait nous autoriser à dire que vous avez un intérêt à ce que la guerre paraisse nécessaire. (Explosion de murmures. Cris : A l'ordre! — Applaudissements à gauche.)

M. Granet, Sous-secrétaire d'État au Commerce. — Vous n'avez pas le droit d'insinuer que le Gouvernement songe à transgresser les principes démocratiques. S'il en était capable, je n'en ferais point partie.

M. Laguerre. — C'est vous qui, au pouvoir, les avez constamment violés, ces principes. Le Gouvernement dédaigne vos insinuations.

M. J. Ferry. — Messieurs, je ne puis répondre à toutes vos interruptions. Cependant, si je dois y gagner quelques instants de silence, je vous concède que la démocratie est heureuse, maintenant que vous voilà sous-secrétaires d'État ! (Applaudissements et rires à gauche et à l'extrême droite.)

Messieurs, mon intention est de vous montrer que le Gouvernement peut éviter une guerre à laquelle, je le crains, nous sommes insuffisamment préparés, une guerre où les Allemands nous attendent comme dans une embuscade.

On ignore trop, en France, que les Allemands ont depuis longtemps envahi la Hollande par une sorte d'infiltration continue. A l'heure présente, ce pays, jadis en Europe le seul refuge de l'indépendance intellectuelle, est occupé par une nuée de commerçants allemands, qui s'y sont installés sans esprit de retour, et qui s'y sont organisés méthodiquement, comme en terre allemande. (Sensation prolongée.) Oui, messieurs, la germanisation de la

Hollande est aujourd'hui un fait accompli. L'annexion est moralement faite : l'Allemagne n'attend plus qu'une occasion de la consacrer. A mon avis, vous vous payeriez d'illusion, si vous espériez qu'une démonstration énergique, mais momentanée, de la France, pût prévaloir dans l'esprit de la nation hollandaise contre l'influence des Allemands acclimatés chez elle, et contre leur propagande annexionniste.

Ainsi, le siège du Cabinet de Berlin est fait. Vous aurez la guerre que vous prétendez vouloir éviter, même si le Congrès hollandais dément mes prévisions : soit que le Cabinet de Berlin, résistant à votre tentative d'intimidation, persiste dans ses desseins; soit que, renonçant momentanément à son but, il concentre contre nous tous ses efforts, pour nous faire expier notre opposition. De toute façon, je le répète, c'est la guerre.

Des deux politiques examinées par M. le Président du Conseil, celle qu'il nous engage à suivre aboutit fatalement à ce redoutable dénouement. Quant aux vagues chances d'une issue pacifique dont il nous a parlé, je n'y insisterai pas plus que lui. La France ayant tiré l'épée pour défendre ses intérêts menacés n'accepterait pas évidemment l'humiliation de la remettre au fourreau, comme après une parade, en s'inclinant devant l'arrogance germanique ! (Vif assentiment à gauche.)

Il faut donc renoncer à une politique qui nous mène fatalement à la guerre.

Ne nous reste-t-il plus alors que le parti exposé en premier lieu par M. le Président du Conseil, ce parti qu'on repousse, en nous le représentant comme une franche duperie? Pour ma part, j'en vois un autre. (Mouvement d'attention.)

Quel a pu être l'espoir du Cabinet de Berlin, en nous offrant un présent dont nous devons, comme on l'a dit, nous défier?

Il ne pouvait attendre de Paris qu'une des décisions suivantes :

La France, désirant offrir un grand exemple de moralité, peut déclarer qu'elle regardera faire sans intervenir, et qu'elle s'en tiendra à la politique des mains nettes. Il y a de ce côté de la Chambre (l'orateur désigne l'extrême gauche) des partisans de cette solution. Mais cette politique ingénue, que nous avons tous professée sur les bancs du collège, aurait infailliblement pour effet d'exclure la France des affaires du monde, et de la livrer isolée et désarmée aux caprices de ses puissants voisins. L'Allemagne ne trouvera heureusement pas en France un gouvernement impassible devant des actes qui constitueraient un attentat à l'intégrité et à la sécurité du pays. Une génération n'a pas le droit d'exposer la patrie, en vertu de quelque théorie sentimentale, aux périls d'une politique d'effacement systématique. Elle doit conserver le patrimoine national qu'elle a reçu des ancêtres, l'améliorer, l'affranchir de toute servitude, relever sa prospérité et le transmettre à la génération suivante sinon agrandi, du moins matériellement et moralement intact. (Applaudissements — Murmures à l'extrême gauche.)

La France peut encore, tout en pratiquant la politique des mains nettes, s'opposer seule aux envahissements de l'Allemagne et faire respecter les traités. Elle se ferait ainsi le gendarme de l'Europe. De là, une guerre sans profit, mais non sans périls. L'Allemagne n'attend peut-être que cette occasion d'en finir avec la France, victime une fois de plus de son imprudente générosité.

Enfin, la France peut accepter les propositions du Cabinet de Berlin. Elle éviterait ainsi la guerre, tout en obtenant un accroissement de puissance qui maintiendrait un certain équilibre entre ses forces et celles de l'Allemagne. L'influence allemande est déjà considérable en Belgique. L'arrêter net, et prévenir les nouvelles tentations qui pourraient s'emparer de l'ambition germanique, ce n'est point là, autant qu'on veut le prouver, un véritable marché de dupes. Mais cette acceptation rendrait la France complice de l'Allemagne, qui, sans doute, a d'excellents motifs pour rechercher cette complicité. Or, entrer directement dans une telle politique, sans nécessité absolue, sans y être réduit par un cas de légitime défense morale, cela, nous en convenons tous, serait indigne de la diplomatie française ! (Vifs applaudissements.)

Mais, entre l'alternative d'une guerre entreprise sans alliés, sans certitude du succès, et dans un but platonique, au risque de compromettre à tout jamais la puissance française, et l'alternative de devenir complices de la politique peu scrupuleuse de l'Allemagne, j'aperçois une solution plus logique, plus habile, et de nature à concilier le respect du traité de Londres, avec les intérêts supérieurs de la France.

Une décision qui peut livrer la France et l'Europe entière aux plus terribles calamités, ne saurait être ni trop mûrie, ni assez longtemps soumise à l'avis des puissances qui ont à redouter, comme nous, l'ambition germanique. N'apportez donc pas de précipitation dans vos délibérations : efforcez-vous bien plutôt de gagner du temps. Faites retarder, s'il est possible, la résolution du Congrès des Pays-Bas, soit en négociant vous-mêmes, soit avec le concours de l'Angleterre. Opposez aux propositions allemandes des objections dilatoires; invoquez le respect du droit et des traités. Demandez même à réfléchir sur les conditions dans lesquelles s'exercerait, au besoin, l'action commune des deux puissances. Dans le même temps, insistez de la façon la plus pressante auprès des Cours de l'Europe, pour obtenir la réunion d'une conférence. Les intérêts en jeu sont les intérêts de l'Europe. Mettez l'Europe en demeure d'intervenir dans le réglement de la succession de Hollande et de se prononcer.

Si l'Europe vous entend, Messieurs, c'est elle qui fera respecter ses décisions. Alors, que l'Allemagne refuse de s'incliner, et vous marchez contre elle avec l'Europe entière. Ce jour-là, je voterai la guerre, au bout de laquelle j'aurai entrevu l'abaissement de l'Allemagne, le relèvement de ma patrie et la restitution de l'Alsace et Lorraine. (Applaudissements prolongés à gauche.)

Mais, si l'Europe, sourde à notre appel, se désintéresse de ses propres affaires, ce n'est pas à nous de faire honneur à sa signature. Ne nous occupons plus de ses intérêts, ne songeons qu'aux nôtres. Si la Hollande doit devenir une province allemande, faisons de la Belgique une province française. (Bruit à droite et à l'extrême gauche). Si nous n'agissions pas ainsi, nous n'aurions plus que l'alternative de nous aventurer seuls, comme le désire le gouvernement, dans une guerre périlleuse et sans profit, ce qui serait placer l'intérêt de la Belgique avant celui de notre patrie; ou de nous abstenir, ce qui serait souscrire à l'agrandissement immédiat de l'Allemagne, à l'annexion de la Belgique à bref délai par l'Allemagne, en un mot, à l'abaissement irrémédiable de la France devant sa rivale. (Salve d'applaudissements à gauche. Vives protestations sur un grand nombre de bancs.)

Messieurs, la guerre n'est donc pas inévitable. Elle ne deviendrait nécessaire que dans le cas où l'Europe marcherait avec nous, auquel cas elle serait opportune, légitime et avantageuse.

La voie que je vous propose de suivre, conduit à des résultats de toute façon préférables à une guerre meurtrière et incertaine.

Marcher avec l'Europe, c'est imposer à l'Allemagne une politique modérée, ou, si elle résiste, travailler à son abaissement et à la restitution de l'Alsace et de la Lorraine.

Marcher avec l'Allemagne, en prenant la Belgique, c'est l'empêcher de s'agrandir, c'est, après avoir mis notre conscience en règle avec l'Europe, parer adroitement un coup terrible, qui procurerait un avantage écrasant aux adversaires de la France. (Applaudissements répétés à gauche. L'orateur retourne à son banc, où il est félicité par ses collègues de la gauche.)

M. le Président du conseil se lève pour répondre. (Sur un grand nombre de bancs : Non ! non ! ne répondez pas. Le ministre se rasseoit.)

Voix à gauche. — Ainsi, après ce que vous venez d'entendre, vous approuvez la politique du gouvernement ! (Oui ! oui ! à droite.)

M. X... du centre, à la tribune. — Messieurs, je viens répondre en quelques mots à M. J. Ferry. Son argumentation repose, en réalité, sur une assertion qu'il avait promis d'expliquer, mais qu'il a dû oublier.

Nous ne sommes pas de force, selon M. Ferry, à nous mesurer avec les Allemands. De là, son opposition à l'attitude énergique du gouvernement. Une telle opinion, si elle était fondée, nous fournirait un nouveau grief contre un régime qui fut si nuisible au pays (Protestation à gauche) ou, si vous préférez, dont le pays a jugé utile de se débarrasser. (Applaudissements à droite.)

Redoutons une guerre à laquelle notre armée n'est qu'insuffisamment préparée, nous a-t-on dit. Mais, notre armée, c'est vous, messieurs les républicains qui l'avez organisée. Or, le gouvernement, bien qu'il n'ait encore eu le temps d'apporter à cette organisation que des modifications insignifiantes, reconnaît lui-même que la situation de cette armée, fruit des sacrifices et des patients efforts de la France, permet d'envisager avec calme une guerre immédiate. Je serais heureux que M. Ferry nous apprît s'il a voulu simplement tempérer l'enthousiasme de la Chambre par un avis prudent, ou s'il a eu en vue un déficit réel dont la révélation pourrait modifier notre confiance dans l'armée. (Mouvements divers.)

M. J. Ferry. — J'avais oublié, en effet, messieurs, de m'expliquer sur la question que M. X... veut bien me rappeler.

L'hommage tardif que M. le Président du Conseil rend à l'œuvre du gouvernement de la République me toucherait, s'il ne survenait dans ce débat avec un à propos qui lui enlève beaucoup de son prix. M. le Président du Conseil ne pouvait se dispenser de rendre cet hommage au gouvernement républicain. S'il ne manifestait une entière confiance dans l'œuvre de la République, sa politique belliqueuse ne trouverait aucun partisan dans cette assemblée; — chacun verrait clairement combien le point d'appui sur quoi elle repose est fragile et suspect. (Bravos et applaudissements à gauche. — Dénégations et murmures, à droite.)

Pour ma part, je n'ai pas à dissimuler mon opinion sur la solidité de ce point d'appui. Soyez persuadés que je ne déprécierai pas systématiquement, dans l'intérêt de ma thèse, une armée qui est l'œuvre de la République.

Tout d'abord, permettez-moi de vous rappeler, messieurs, qu'un des reproches adressés avec le plus de persévérance aux divers gouvernements, dans la presse de l'opposition, dans les réunions publiques, et même dans cette enceinte, était précisément le reproche de désorganiser l'armée! (Rires et bruit.) Loin de moi la pensée malicieuse de triompher d'un tel revers de satire. J'admets qu'il y avait du vrai dans les critiques que, pendant quinze ans, vous avez élevées contre les réformes militaires, avec une invincible ténacité; la grosse part de l'exagération faite, il reste quelques objections assez fondées. Je puis donc avancer, sans craindre d'être contredit, que l'armée dont vous disposez aujourd'hui n'est pas telle que vous l'auriez faite, si, au lieu d'être l'opposition, vous aviez été le gouvernement. (Mouvements divers. — Très bien! C'est très vrai! à gauche.)

Plaçons nous maintenant à un autre point de vue. Messieurs, la République n'a rien négligé pour constituer une puissance militaire en harmonie avec l'état de la société française, et, en même temps, avec les progrès accomplis de nos jours par les sciences militaires. Dans cet ordre d'idées, les républicains ont su mettre patriotiquement de côté leur goût pour les innovations. Loin de devancer les nations monarchiques, la France républicaine s'est bornée à les suivre, avec une timidité, une irrésolution que bien des hommes compétents s'accordent à trouver excessives. Telle fut la prudence des répucains, sur le terrain des réformes militaires, tel fut leur souci de déférer aux avis même de leurs adversaires politiques, que l'armée de la République française a bien eu l'organisation la moins démocratique de toutes les armées d'Europe, après celle de la Turquie. Les concessions faites à l'opiniâtreté des partisans impénitents des systèmes militaires condamnés par des épreuves dont la France a supporté les frais, ont abouti à une organisation mixte, composite et incohérente. De là, dans les cadres, l'hésitation et le découragement. Notre armée n'est ni l'armée d'une monarchie, ni l'armée d'une démocratie ; en d'autres termes, ni une armée d'hommes du métier, ni une de ces Nations armées inventées pour annuler la valeur des armées de l'ancien style. Aussi, voit-on ses chefs flotter entre les deux tendances contraires qui ont présidé à cette organisation hybride. (Sensation prolongée.)

Ne vous hâtez pas, messieurs, d'en rendre responsables les hommes qui avaient assumé la tâche de réédifier sur un plan nouveau le faible édifice militaire dont les matériaux venaient d'être dispersés par la tempête. Je vous le répète, la première difficulté qu'ils rencontrèrent fut précisément la diversité des avis dont ils voulurent s'éclairer, qu'ils crurent devoir accepter de tous les côtés, comme pour montrer qu'ils plaçaient les questions militaires au-dessus de la politique.

N'oubliez pas, non plus, que cette accusation inepte et antipatriotique de désorganiser l'armée, dont je vous ai parlé, semait dans les rangs le mépris des institutions établies, l'hostilité aux réformes, la haine de l'autorité qui les ordonnait, en un mot, l'indiscipline. De là, dans certaines régions de la hiérarchie militaire, une répugnance plus ou moins déclarée pour toute réforme entreprise ou mise à l'étude, et pour des ordres qui, loin de l'autorité supérieure, restaient lettre morte.

Enfin, messieurs, comment, les gouvernements auraient-ils pu surveiller comme il convenait le développement des réformes militaires, quand leur temps suffisait à peine pour faire face aux furieux assauts de la droite et de cette fraction indisciplinée du parti républicain qui prêche la discorde, l'instabilité, la haine au dedans, et, au dehors, le rayonnement pacifique; de ces républicains étranges qui aimèrent mieux voir la République morte que puissante et sage. (Acclamations répétées à gauche. — Protestations à l'extrême gauche.)

Voix à gauche. — Toute l'intransigeance est là : discorde à l'intérieur, humiliation à l'extérieur.

M. Clémenceau. — Je demande la parole (A droite : Ah ! ah !).

M. Jules Ferry. — La République naissante a été entravee dans son œuvre de réorganisation par une opposition acharnée, implacable de soi-disant républicains, à qui nous avons eu trop longtemps la candeur de tendre quand même une main fraternelle. Quand les hommes qui avaient fondé la République se sont évertués à la consolider, on leur a répondu par une lutte fratricide, par une guerre au couteau, dont tous les coups ont frappé au cœur de la République. (Explosion de bravos et d'applaudissements à gauche. Murmures à l'extrême gauche. — A droite : A la question.)

Voix à gauche. — Les intransigeants sont venus dire aux fondateurs de la République: La maison est à nous, c'est à vous d'en sortir.

Le Président rappelle l'orateur à la question.

M. Jules Ferry. — Eh bien, messieurs, c'est de cette puissance nationale, que les oppositions coalisées ne nous ont pas laissé conduire à un état de perfection définitif, que vous venez vous déclarer satisfaits? Vous prenez votre temps pour vous en contenter. Quant à nous, qui avons qualité pour apprécier notre œuvre, nous n'hésitons pas à déclarer que nous ne partageons par cette confiance absolue, et que nous tremblons pour la France ! (Mouvements divers.)

La reconstitution de nos forces nationales n'est pas achevée. Notre armée laisse à désirer sous le rapport de la force numérique et de l'instruction des troupes qui est par trop multiforme. C'est grâce au nombre de ses soldats et à l'uniformité de l'entraînement militaire, que l'armée rivale obtient tant de consistance, une si parfaite unité, et constitue un instrument de guerre si redoutable.

Consultez secrètement les chefs de corps, et, si vous savez leur enlever toute appréhension de vous mécontenter, ils apprécieront comme je viens de le faire la situation de notre armée. On ne saurait s'en tenir, en pareille matière, aux articles de journaux, aux inévitables brochures, qui, tout en signalant, chaque jour, les défectuosités de l'organisation de l'armée, les défauts du personnel des officiers, les désaccords entre certaines fractions des cadres où l'on voit fréquemment les inférieurs faire opposition à leurs supérieurs, croient devoir en tirer cette étrange conclusion que la France est prête; comme si le patriotisme consistait pour un Français à entretenir les illusions de ses concitoyens! (Applaudissements à gauche.)

En résumé, messieurs, la pensée du gouvernement de la République, lors de sa chute, était qu'il restait beaucoup de chemin à faire pour atteindre l'idéal de la puissance militaire d'une grande et riche démocratie. Or, la Monarchie n'a pas eu, depuis sa restauration, le temps d'entreprendre des réformes sérieuses Notre devoir est donc de protester contre une politique qui précipite notre patrie vers une catastrophe suprême. (Applaudissements à gauche. L'orateur descend de la tribune.)

M. Clémenceau.—Malgré ma vive répugnance, j'ai un mot à répondre à M. Ferry. C'est un triste devoir que le patriotisme m'impose!... (Rires à droite et à gauche.)

Une voix à gauche. — Vous allez nous faire encore le coup de l'indignation !

M. Clémenceau. — M. Ferry n'a pas qualité pour donner des avis au nom des républicains. C'est lui qui a perdu la République en nous lançant dans l'affaire du Tonkin, au mépris de la Constitution, pour faire plaisir à M. Bismarck. (Applaudissements à droite et à l'extrême gauche, — rires à gauche. — A droite : La cloture ! — Non, laissez-les finir de se dévorer.)

M. Jules Ferry, remontant à la tribune. — On vient de nous reprocher une fois de plus de n'avoir pas laissé humilier le drapeau français compromis dans des entreprises dont nous n'avions pas pris l'initiative, mais que l'honneur national, que l'avenir économique du pays nous commandaient impérieusement de mener à bonne fin, et qui, au surplus, nous permettaient d'essayer les forces de la France convalescente dans des expéditions salutaires pour le moral de la population et de l'armée. Et qui nous jette ce blâme ? Ce parti qui n'a pas voulu permettre à la France républicaine de faire fièrement ses premiers pas de grande puissance, et qui l'a poussée sans pitié, sans jamais transiger, vers une crise démagogique où tant d'appétits et de rancunes espéraient se rassasier, où les ennemis de la République ont seuls trouvé leur compte. (Cris de fureur à l'extrême gauche. — Applaudissements ironiques à droite.)

Nous avons donné la preuve de notre attachement

profond, passionné au bien public et au bonheur de la France. Mais il y a ici des hommes qui ne sont pas compétents pour juger notre patriotisme : je veux parler de ceux qui menèrent contre Gambetta la fameuse campagne de la peur, faisant appel aux sentiments égoïstes et lâches; de ces apôtres d'une politique de subordination à la concurrence et aux ambitions étrangères; de ceux qui s'efforcèrent de réduire la France à se faire brebis au milieu des loups affamés qui l'environnent. De quel front osent-ils incriminer une politique qui a procuré à notre armée des officiers et des soldats ayant vu le feu, à notre commerce de nouveaux débouchés, et de la gloire à notre marine où s'est révélé ce grand homme de guerre dont on a eu l'impudence d'invoquer le témoignage contre un parti politique dont il était l'ennemi, et qui, on l'oublie trop, sans cette politique républicaine, n'aurait pas eu l'occasion d'illustrer notre marine et d'entrer dans l'immortalité ? (Salve d'applaudissements à gauche. — Protestations à droite et à l'extrême gauche.)

Non, Messieurs, aucun des actes de la politique républicaine ne nous interdit de protester aujourd'hui contre la politique du gouvernement. (Rumeurs violentes.)

Ah ! je connais bien cet éternel sophisme que l'opposition de droite et de gauche n'a cessé de tendre comme un piége sous les pas des républicains, ce sophisme qui consistait à comparer hypocritement nos actes à ceux des régimes déchus, puis, selon les circonstances, à signaler aux populations les ressemblances superficielles, pour mieux dissimuler les différences essentielles. C'est ce sophisme qui a le plus contribué à la chute de la République. Mais sachez bien qu'aujourd'hui vous ne risquerez ni une comparaison déloyale, ni une interprétation perfide, ni une prétérition jésuitique sans que nous venions rétablir la vérité. (L'orateur regagne son banc. Cris et protestations à droite et à l'extrême gauche. — Applaudissements à gauche.)

Un député de la gauche s'avance dans l'hémicycle vers la droite, et s'écrie : Dites à M. Ferry qu'il est la trompette antipatriotique du désastre ; dites-lui d'aller à Coblentz. Ce sera complet. (Le tumulte devient indescriptible. — Cris : La clôture !)

Le Président. — Messieurs, M. le Président du Conseil est mandé auprès du Roi, pour lui donner connaissance d'une dépêche importante. Le Conseil des Ministres est convoqué. Avant de mettre la clôture aux voix je donne la parole à M. le Président du Conseil, qui tient à vous dire quelques mots avant de se retirer. (Vive émotion.)

M. le Président du Conseil. — Messieurs, ce que je vais vous dire ne doit vous faire préjuger en rien les questions qui vont être agitées au Conseil : je me hâte de vous le déclarer.

Le temps me manque pour répondre aux objections que M. Ferry nous oppose, et aux critiques dont il nous accable. Mais je le prie de ne pas oublier que, si les intérêts du pays lui sont chers, le pays, de son côté, n'y reste pas indifférent. Or, le peuple français a formellement réprouvé la politique de M. Ferry et de ses amis ; il a été, qu'on me passe l'expression, écœuré de cette république rongée par l'éternelle plaie de la démagogie envieuse, ignorante et intolérante. (Vifs applaudissements à droite.) La nation a déclaré qu'elle ne voulait plus d'un régime impuissant à constituer un gouvernement stable et sérieux. (MM. Granet, Laguerre, Andrieux, Dreyfus, approuvent du geste.)

Le peuple s'étant ainsi prononcé, M. Ferry et ses amis ne pensent-ils pas qu'il y a lieu de s'incliner devant cet arbitre souverain, surtout dans des circonstances si graves, et de nous accorder la confiance qu'il ne nous a pas refusée?

Je leur demande cette confiance. Ils peuvent compter sur notre prudence et sur la sollicitude du Roi pour les intérêts du royaume fondé par ses ancêtres. Je supplie tous les membres de cette assemblée, sans acception de partis ou de nuances, de seconder le gouvernement par une adhésion unanime. Je demande l'urgence pour les crédits sollicités par le gouvernement. (Applaudissements prolongés à droite et au centre. — Cris de vive le Roi ! vive la France ! — Les Ministres se retirent.)

M. Clémenceau. — Messieurs, le groupe intransigeant, considérant que, si la guerre est inévitable, elle est légitime et devient une guerre de défense nationale, me charge de déclarer qu'il votera les crédits refusés par les débris de l'ancienne majorité opportuniste. (Applaudissements à droite. — Rires ironiques à gauche.)

La discussion est close. L'urgence, mise au voix, est votée. Tout le groupe républicain s'est abstenu. La séance est levée aux cris de vive le roi!

Pour copie conforme :

TYBALL.

CORRESPONDANCE

ADRESSÉE DE PARIS A LA *Gazette de Cologne* PAR TYBALL

PREMIÈRE LETTRE

Le sort en est jeté, l'Allemagne et la France en viennent aux mains une fois de plus. Le peuple français, brûlant ses vaisseaux, court, tête baissée, à sa perte.

Les circonstances dans lesquelles ce conflit s'engage permettent de conjecturer que le duel déjà presque séculaire des deux peuples les plus civilisés du monde touche à son dénouement.

La France a joui, depuis ses désastres de 1870, d'une trêve de quinze années. A-t-elle su profiter de ce long répit? Telle est la question la plus digne d'intéresser, en ce moment, vos lecteurs. Je crois être en mesure d'y répondre. J'observe depuis longtemps la société française, et je puis édifier mes compatriotes sur la situation morale et matérielle de l'ennemi que l'Allemagne armée va retrouver en face de sa rude épée.

Je me propose d'établir le bilan des quinze dernières années de la vie du peuple français; mais je me garderai bien d'y faire entrer en ligne de compte les actes de la Monarchie restaurée depuis quelques mois à peine. La nation française s'est chargée, pendant quinze ans, de régler elle-même son sort. Ses maîtres actuels, qui ont recueilli bel et bien la succession de la République, n'ont pas même eu le temps d'en faire l'inventaire. Ils auraient, d'ailleurs, mauvaise grâce à se montrer difficiles : l'héritage de la République est pour eux une miraculeuse affaire. La République leur a épargné la tâche accablante et ingrate de la reconstitution des forces du pays. Depuis Sedan, depuis la Commune, les républicains ont tiré les marrons du feu pour les réactionnaires.

Au moment le plus sinistre d'une crise qui mit la France à deux doigts de sa perte, un parti d'opposition dût prendre inopinément le pouvoir, recruter un personnel capable de le seconder, mettre à hauteur d'appui une administration et une armée qui lui étaient ouvertement hostiles, refaire, avec des finances délabrées, un matériel national; enfin, prendre, au nom du progrès et du salut public, les mesures les plus impopulaires, pour instruire, pour relever malgré elle, une société entraînée rapidement à sa décadence. Quand la République a succombé, épuisée par cette grandiose entreprise, le gros œuvre de l'édifice était achevé; les plâtres étaient même essuyés : les nouveaux locataires de la France n'ont eu qu'à s'installer dans les meubles de la démocratie.

Infortunée démocratie française ! Les ennemis qui t'ont déchirée de leurs ongles et de leurs dents, s'attribuent l'œuvre de tes patriotiques labeurs. Ils vont mettre au service d'une politique insensée cette puissance que tu vouais à la sécurité nationale. Ton honneur devant l'histoire sera d'avoir usé tes forces à la résurrection de cette France qui va s'écrouler sous tes indignes héritiers.

La puissance que la Monarchie française jette en travers de notre politique est donc l'œuvre de la République. C'est l'œuvre de la démocratie française que j'ai à vous faire connaître et à critiquer.

L'histoire n'a jamais enregistré, peut-être, un mouvement aussi surprenant, aussi honorable pour l'humanité, que l'effort tenté par les républicains progressistes français pour faire triompher les idées libérales dans un pays qui, malgré la Révolution, se ressent de ses origines et conserve un tempérament monarchique. Ces républicains ont poursuivi le dessein de greffer sur la France monarchique une robuste bouture républicaine. Opération délicate, exigeant des trésors de patience et d'adresse ! Mais quel triomphe sans exemple, si l'on obtenait que l'esprit de la civilisation française s'épandît naturellement, avec ses vertus innées, dans les floraisons nouvelles, pour y faire éclore les fruits de la liberté !

Les républicains, ayant conscience de travailler

pour l'avenir, se promirent de prendre leur temps pour mener l'entreprise qu'ils avaient conçue. Selon l'expression de Gambetta, dans le programme de 1869, les réformes devaient être appliquées dans l'ordre d'une série progressive. De la sorte, chaque réforme serait, non une stérile modification du passé, mais une étape vers l'état social rêvé, sans réaction possible, sans affaiblissement, même temporaire, de la patrie. La société française ayant des aspirations très complexes, des hommes sérieux désirant la réformer et non lui faire violence, ne pouvaient se refuser radicalement à certaines concessions opportunes. On leur a fait un crime d'avoir ainsi travaillé au succès de leur œuvre sans cesser de faire preuve d'une déférence fraternelle pour le repos d'un grand nombre de leurs concitoyens.

Comment l'éternel démagogue aurait-il pris fait et cause pour cette politique large et patriotique ! Dès que la nouvelle doctrine républicaine rayonna dans les ténèbres de la démagogie crasse, des nuées de chouettes à barbe d'apôtre ouvrirent leurs ailes ridicules en poussant des cris effarés. Une politique d'ordre républicain, c'était l'abomination de la désolation ! Les démocrates de l'ancien style se jetèrent, éperdus, dans les bras des inévitables rôdeurs politiques qui cherchent des dupes aux époques troublées. On les vit alors faire campagne sous des chefs sortis on ne sait d'où, exploitant les passions malsaines de la foule avec une intrépidité de sottise et de mauvaise foi qui enlève à leur conduite toute circonstance atténuante. Le parti de la liberté qui s'essayait au gouvernement de la France fut férocement épié; ses actes, ses intentions mêmes furent travestis; ses moindres erreurs devinrent d'impardonnables crimes. Comme s'ils s'étaient juré de faire jouer à la société française cette repoussante comédie, tant de fois représentée sur la scène du monde, d'une démocratie qui se déshonore et qui se dévore elle-même, ces démagogues sans raison et ces aventuriers sans honneur firent une guerre impie à la République sage et libérale.

Quel argument décisif pour les adversaires du principe démocratique! La preuve allait enfin éclater, aux yeux des peuples attentifs, que la véritable démocratie n'est ni l'envie, ni la folie, ni le désordre. Mais une bande de mauvais citoyens ne veut pas faire le sacrifice de ses préjugés et de ses passions mesquines, et c'en est fait de la démonstration. Les partisans de la royauté peuvent dire que l'allure sage imprimée à la démocratie par Gambetta n'est pas un exemple à suivre : c'est un incident, une anomalie historique. Livrée à elle-même, dans des conditions normales, la démocratie a justifié sa mauvaise réputation.

L'arrivée au pouvoir des républicains de raison offre une singularité peu connue à l'étranger, et que je tiens à vous signaler. On a essayé de nier la chose, comme pour la dissimuler; mais pourquoi nier ce qui est clair comme le jour?

C'est à la démocratie rurale, à cette vaillante population de la province, pétrie de bonhomie, de droiture et de sens commun, qu'il faut rendre hommage de la pensée d'une république gouvernementale. L'adoption d'une politique expérimentale fut le triomphe, trop éphémère, hélas ! de la sagesse des provinces sur la démagogie parisienne.

Le peuple de Paris en est encore à cet esprit démocratique dont le principe est l'envie. Une démagogie sans foi ni loi tient le corps électoral parisien sous le joug. Les comités, dignes héritiers de ces clubs qui terrorisèrent la Révolution et la noyèrent dans le sang, exercent sur les destinées de la nation entière une despotique influence. Du fond de leurs repaires, ils veillent à ce que jamais la France ne reste aux mains des hommes qui la rendraient puissante et libre.

Le jour où des minorités coalisées jetèrent à bas, d'un croc en jambe, la majorité des républicains de gouvernement, Paris chanta victoire. Le conseil municipal prit des airs de triomphe. Le ministère s'humilia devant les attitudes et les prétentions des élus de Paris. Le parti vaincu resta en détresse, livré aux lâches injures de la coterie parisienne. Comme on lui fit expier ses patriotiques illusions ! Paris a supporté la dictature du sabre ; Paris rampe devant la dictature d'une presse de sac et de corde ; Paris se prosterne jusqu'à l'indiscrétion devant la dictature du cabotin ; Paris n'acceptera jamais la dictature du bon sens et du patriotisme.

La nation française avait entrepris de fonder définitivement la République. Paris lui a brisé son œuvre dans les mains, afin d'y substituer la démagogie vulgaire qui n'a jamais fondé rien de viable. M. le docteur Clémenceau a même excommunié, au nom de Paris, les républicains de raison ; il a exclu de la démocratie les hommes à qui elle devait les plus grands services. Et les démagogues des faubourgs se sont félicités impudemment des réformes accomplies malgré eux par les hommes qu'ils vouaient aux gémonies.

Paris n'y voit pas plus loin que le bout de ses fortifications. Les Parisiens ont toujours mis leur amour propre à renchérir à contre-temps sur les idées libérales que défend la province, plus sincère et plus persévérante. Le 4 octobre 1885, la province se montra mécontente et inquiète du trouble systématiquement apporté aux affaires du pays par de perpétuels changements de ministères. Le lendemain, les journalistes déclarèrent d'un ton suffisant que le suffrage universel venait de condamner « le dogme absurde de la stabilité ministérielle » (1). — C'est ainsi que la presse parisienne s'incline devant les décisions du suffrage universel. A vrai dire, le corps électoral parisien a toutes les peines du monde à considérer la province comme faisant partie de la France et participant au suffrage universel. *Préfet d'importation*, tel est le nom que la *Lanterne* donne à un préfet venant de la province ! Et, phénomène

(1) Niaiserie cueillie dans le journal *la Justice*.

plaisant, le privilège d'être né à Paris, que la Révolution n'a pu détruire, est le plus souvent défendu par des provinciaux mal décrassés, contre des hommes pour qui la vie parisienne n'a plus de secrets.

Plus le pays a désiré que l'ordre régnât dans la démocratie, plus les comédiens ordinaires du peuple de Paris ont fait assaut de violences et de dévergondage. Il fallut renoncer à la liberté; et, comme Paris n'a rien à perdre à ce jeu, ce fut encore la France républicaine qui paya la folle enchère des excès de la démagogie parisienne. « Ah! si les provinces ouvrent jamais les yeux, si elles découvrent un jour combien leurs intérêts sont, je ne dis pas différents, mais opposés aux intérêts de Paris, comme cette ville sera abandonnée à elle-même!... » Cette prédiction de Rivarol était sur le point de se réaliser, pour le bonheur de la France. Malheureusement, quand les provinces tenaient la prépondérance, elles se sont laissé duper misérablement par la bohème politique de Paris!

Ce n'est là qu'un aspect de la mêlée où se sont agités les partis qui divisent la France. Voyons maintenant comment s'est comportée, dans cette mêlée, cette génération qui avait en main le jeu de la liberté, qui a commencé la partie sous les inspirations d'un grand et fin politique, et qui a trouvé le moyen de la perdre.

La société française offre trois catégories d'esprits, trois courants psychologiques.

Le libéralisme est le caractère propre et distinctif

de la race d'esprits la plus nombreuse et la plus ancienne en France; ce libéralisme sensé et modéré me paraît être le fond du génie français. Dès le XVIe siècle, le génie français prend du relief et joue un rôle politique; il se montre dès lors ce qu'il devait toujours être, réformateur. Mais déjà, aussi, la fidélité au bien public est sa principale vertu. *Patriam unice dilexi* (1), telle est la vraie devise de ce parti libéral bourgeois, que l'on voit tout le long de l'histoire, tantôt dans l'opposition où il combat les abus du pouvoir, composé d'esprits « nés libres et francs, comme sont les François » (2), toujours prêt à flageller d'une vigoureuse ironie les ridicules qui affligent la société ou les préjugés qui l'oppriment; tantôt gouvernant la France au nom de la monarchie, et lui faisant accomplir de grandes choses, après avoir évincé la trop frivole noblesse de la direction des affaires (3). La monarchie s'écroule dès qu'elle dévie de la tradition libérale bourgeoise. Le Tiers État, c'est le parti libéral passé dans l'opposition. Fier, généreux, sublime, il voit que l'ancien régime a vécu, et aspire à régénérer la société. Plus tard, après bien des vicissitudes, il essaie d'ac-

(1) Testament de Pierre Pithou.

(2) *Satyre Ménippée.* Harangue de Mr d'Aubray.

(3) Le conseil du roi, cœur de l'admirable centralisation du royaume de France, qui le rendit si compact et si fort, n'était « point composé de grands seigneurs, mais de personnages de médiocre ou de basse naissance, d'anciens intendants, et autres gens consommés dans la pratique des affaires, tous révocables. » Tocqueville.

commoder les mœurs de l'antique et glorieuse société française aux exigences de la démocratie. Le parti libéral a toujours été la fleur de cette opinion publique française qui, pendant des siècles, exerça sur le monde la maîtrise des choses de l'esprit, et qui contribua si largement à la rédemption intellectuelle et morale de l'humanité.

Le deuxième courant est comme l'antithèse de l'esprit digne et libéral de la bourgeoisie française. Il s'est trouvé, dans toutes les sociétés, des factions ennemies de la liberté et de l'égalité. Mais en France l'esprit de réaction n'est très souvent que l'esprit de servitude. Écoutez sir John Bickerstaff, écuyer, le bon ami de P. L. Courier, (*Pamphlet des Pamphlets*) : « Français charmants ! sous l'empire de la beauté, des grâces, vous êtes un peuple courtisan.... L'Anglais navigue, l'Arabe pille, le Grec se bat pour être libre, le Français fait la révérence et sert ou veut servir ; il mourra s'il ne sert. Vous êtes, non le plus esclave, mais le plus valet de tous les peuples. » Assurément sir John Bickerstaff était venu en France faire une pleine eau dans ce que j'appelle le courant servile.

Enfin, chez tous les peuples qui ont une histoire, on rencontre un courant démagogique. L'esprit démagogique, chez bien des Français, n'est le plus souvent qu'une effervescence du tempérament national, qui est frondeur. La démagogie militante se recrute parmi les éternels mécontents, parmi les hommes que dévore quelque rancune secrète, parmi ceux qui ont à se venger sur autrui de leurs mécomptes, enfin, parmi les citoyens réfractaires à toute discipline sociale.

Les dissensions de ces trois grandes familles d'esprits remplissent l'histoire de France. Le second Empire suspendit cette hostilité. Brisée de lassitude, la France s'abandonna au premier médiateur qui se présenta entre les partis. Par malheur, ce héros était un aventurier qui perdit la France en la déshonorant. L'avènement de la République fut le signal de la reprise des hostilités. Le parti libéral, qui marchait depuis des siècles à la tête de la société, et qui avait gagné une à une toutes les victoires perdues par le despotisme, arriva le premier au pouvoir et prit la direction de la démocratie.

Hors de France, les hommes éclairés s'intéressèrent aux débuts de la nouvelle République. Comment rester indifférent, en présence d'une nation moderne entreprenant de démontrer, par une expérience bien faite, que les grands peuples n'ont rien à redouter pour leur force et pour leur prospérité des institutions républicaines!

Les folies qui ont toujours accompagné et toujours fait échouer toutes les tentatives d'acclimatation de la liberté en France restent présentes à la mémoire des populations. Ce souvenir était suspendu, comme une épée de Damoclès, sur le front de la République. Il y avait donc pour elle quelques lieues de mauvais chemin à faire, avant d'être en bonne voie. Le parti libéral était trop avisé et trop instruit pour ne pas adopter l'allure la plus sage en pareille circonstance. Apprivoiser doucement les populations à l'idée de la liberté, dissiper les appréhensions des citoyens réfractaires à cette idée, manifester une aversion significative pour les impatiences inopportunes, pour les convulsions stériles, tel fut le premier article de son programme. Quel esprit juste n'eût fait des vœux pour cette politique!

Le parti libéral dut compter bientôt avec les courants adverses.

Si quelqu'un se fût permis, il y a douze ans, de prédire aux réactionnaires et aux intransigeants qu'ils marcheraient un jour la main dans la main, les uns et les autres en auraient demandé raison, comme d'un outrage. Pourtant, bonapartistes, légitimistes et intransigeants n'hésitèrent pas à s'allier, dès qu'il fallut écraser les républicains.

Grâce à leur politique ferme, prudente et soucieuse en même temps des intérêts traditionnels de la patrie, les républicains étaient en train de gagner la confiance du pays. C'était, paraît-il, un grand scandale, et pour y mettre bon ordre on ne recula pas devant les compromissions les plus honteuses. Les royalistes allèrent ainsi jusqu'à se rendre solidaires des crimes de l'Empire. Oubliant leurs propres griefs, ils passèrent condamnation, d'un cœur léger, sur ceux de la France. Quant aux intransigeants, ils furent affolés à la seule pensée qu'un ordre régulier menaçait de s'établir dans la démocratie française. Qu'allaient-ils devenir, si la France, enfin maîtresse d'elle-même, et gouvernée par des hommes choisis avec réflexion, s'avisait d'aller paisiblement vers la puissance et vers la liberté? — On vit alors les bulletins intransigeants se confondre avec ceux des ennemis déclarés de la République. L'ennemi commun, c'était l'ordre républicain; le dessein des alliés était d'empêcher les Français d'y goûter et de s'y attacher.

L'opposition eut beau jeu contre un parti gouvernemental qui ne comptait, pour s'imposer, que sur l'ascendant de la vérité et du patriotisme. Les libéraux ont poussé le respect de la liberté jusqu'à l'inconséquence. La liberté à discrétion n'a fait qu'enhardir l'indiscrétion des ennemis de la liberté. Ceux-ci en ont profité pour user de procédés qui répugnaient aux républicains honnêtes, mais qui vinrent à bout de la République. Ce qui prouve que les fondateurs d'un régime libéral doivent écarter impitoyablement de leur œuvre, dans l'intérêt bien entendu de la liberté, les ouvriers indisciplinés et les mécontents. Ce n'est pas d'ailleurs au fort de la bataille que l'on compose avec l'ennemi, comme les républicains ont voulu naïvement le faire. Il faut le mettre hors de combat, hors d'état de nuire, avant de lui imposer de douces conditions

Autant le pouvoir fut débonnaire, autant l'opposition fut rageuse, acharnée, cynique. Au nom de quelques formules creuses, les uns tiraient la République en avant, les autres la tiraient en arrière. Tant pis pour la patrie que déchiraient ces brutales secousses! Il ne fallait pas qu'elle se trouvât bien des républicains, il fallait qu'elle eût à s'en plaindre. Tant qu'on ne pût les empêcher de constituer des gouvernements, on réduisit ces gouvernements à se tenir sur un perpétuel qui-vive. Aucune considération patriotique n'arrêtait une opposition décidée à sacrifier la France même à ses haines et à ses appétits. Les armes françaises essuyèrent un jour un léger échec : ce fut dans la presse de l'opposition un débordement de jubilation. Quel ravissement, quel délire, de trouver enfin l'occasion de clouer le gouvernement au pilori! — Les étrangers qui étaient en France lors de ces démonstrations révoltantes ont pu se féliciter de n'être pas français. De toutes les âmes honnêtes jaillit cette apostrophe géniale que Gambetta lançait un jour à une bande de forcenés qui étouffaient sa voix : Esclaves ivres! c'est-à-dire hommes sans patrie, avides de servitude, dominés par de viles passions, hommes dénués de raison et indignes de la liberté.

Ils se sont vengés, les esclaves ivres. Dès que la France eût secoué le cauchemar du 16 Mai, triomphe accidentel de ce courant servile que Dufaure appelait le parti sans nom, le parti républicain les vit surgir autour de lui, horde grimaçante, hurlante, furibonde. C'étaient les débris de la noblesse dégénérée, des bourgeois parvenus, pétris de prétentions nobiliaires, des fournisseurs, des laquais, tous les parasites du luxe, les filles entretenues, la courtisane qui, disait Balzac, est essentiellement monarchique, des cabotins, des financiers et, au milieu de ce bizarre cortège, le clergé réactionnaire flanqué de ses rats de sacristie et des jésuites de robe courte, au crâne fuyant. C'était ensuite la séquelle bonapartiste maigre et colérique, toujours inconsolable, toujours drapée dans sa fidélité grotesque. — Tous ces ennemis de la vraie France avaient la bouche enfarinée de grands principes, de religion, de famille. Mais les fanges de leurs cœurs étaient pétries de la nostalgie de la servitude, et, dans leurs entrailles grinçaient des appétits qu'un régime d'ordre et de liberté avait précisément pour objet de laisser inassouvis. — L'autre partie de cette croisade organisée contre l'ordre républicain n'était pas moins bigarrée. Venaient d'abord les doux monomanes de l'utopie, « vieilles harpes » sentimentales, à qui il échappera toujours que, pour obtenir une bonne récolte, la démocratie ne doit pas vendanger au printemps; puis les sempiternels démagogues hargneux, ignorants et suffisants; quelques socialistes convaincus; des marchands de vin frelaté; les inexplicables piliers des réunions publiques; puis, çà et là, dans cette Cour des Miracles d'estropiés de cervelle, les mécontents, les citoyens qui estiment que la République leur doit des privilèges; enfin la coterie intransigeante, pandémonium de tous les républicains d'origine et d'intentions suspectes.

Toute cette cohue de décadence tournoyait autour de la République, la haine aux yeux, l'écume aux lèvres, jetant son défi sinistre à ce parti des paysans et des bourgeois laborieux, sages et tolérants, fondement et substance même de l'antique patrie. « Non! vous ne serez pas maître chez vous! Nous ne vous laisserons pas conserver cette liberté que vous avez conquise. Les frelons chasseront les abeilles de la ruche. » — Et, dans la déplorable journée du 30 mars, les esclaves ivres escaladèrent par surprise la forteresse républicaine. Cette bande de malfaiteurs avait enfin le dernier mot.

DEUXIÈME LETTRE

> La liberté de la presse a enfanté des chiens qui dévorent leur mère.
> LOUIS VEUILLOT.

La presse française a joué un rôle méprisable dans la mêlée politique. Elle a trahi le parti libéral qui l'a jadis illustrée, et qui l'a émancipée. Elle a passé au service de la démagogie malhonnête avec les armes et les bagages de la démocratie honnête.

Le parti libéral avait fait de la presse un admirable instrument de vérité et de liberté. La presse libérale ne défendait que les bonnes causes, et cette tâche noble, mais périlleuse, ne tentait que des hommes de mérite et de courage. Les polémiques étaient pures de toute assertion vague, de toute imputation hasardée, de toute intempérance de forme. L'expression de la vérité y gagnait un aspect sévère, et, selon les cas, une portée plus haute ou une ironie plus redoutable. Un citoyen hardi s'exposait-il à écrire une vérité, cette manifestation éclatait comme un scandale, au milieu du silence général.

Entre les mains de l'opposition antirépublicaine,

la presse, devenue libre, a pris de toutes autres allures. Ce n'est plus la vérité, c'est le mensonge qui alimente le scandale, et le scandale ne conduit plus en prison, mais à la fortune, à la considération, à la députation même. Il n'est pas de pays où le trafic de l'erreur et de la diffamation soit devenu plus lucratif qu'en France ; pas de pays où l'on soit plus certain de rester pauvre et inaperçu, en exprimant avec talent des pensées honnêtes. Et, plus la presse s'est avilie, non en profitant de la liberté, mais en abusant de l'impunité, plus elle s'est montrée prétentieuse et arrogante ; plus elle est devenue vénale, plus elle a exigé d'égards pour ce qu'elle appelle son apostolat.

La liberté illimitée de la presse est un contre-sens dans une société fondée sur l'égalité, où toutes les libertés doivent se limiter les unes les autres et s'équilibrer. La liberté absolue d'une catégorie de citoyens y devient un privilège exorbitant et perturbateur. Gambetta comptait, dit-on, sur le bon sens de ses contemporains pour préserver l'égalité et la vérité des périls que leur ferait courir l'émancipation prématurée et trop radicale de la presse. Mais, sur ce point, sa clairvoyance habituelle fut en défaut. Il n'y a point de démocratie possible, si le peuple n'est pas éclairé sur les questions qu'il est appelé à juger. Si un instrument aussi redoutable que la presse libre tombe aux mains d'industriels qui le consacrent à l'exploitation du mensonge, le peuple n'a plus de criterium pour discerner le vrai, et la démocratie, devenue la proie de quelques aventuriers, n'est plus qu'un mauvais rêve. C'est ce qui est arrivé.

La presse émancipée avant la pacification de la société à été accaparée par des hommes décidés à n'user de la liberté que pour nuire à la liberté. La publicité, affranchie de toute règle, est devenue un monopole au service des citoyens les moins scrupuleux. Les particuliers et l'État ont vu se dresser en face d'eux une puissance formidable, envahissante, prétendant contrôler toute chose et tout le monde, et rester affranchie de tout contrôle. Les Français sont tous égaux, mais égaux sous les privilèges de la presse.

Le Français est crédule et badaud, de sa nature. Il faut voir avec quelle ponctualité il apporte son tribut quotidien au tyran qui le pressure et le dupe, au journaliste qui lui en impose et qui l'asservit. Sur un mot de ce tyran, il traîne à la voirie ses serviteurs les plus illustres, ses libérateurs, ses gloires même. Tous les hommes de valeur de la démocratie ont été tour à tour dénoncés lâchement par la presse aux stupides haines de la foule. Ce peuple naïf s'imagine que le plus grand effort de la liberté humaine est atteint, quand un Vallès ou un Rochefort peuvent imprimer qu'un honnête homme élu par ses concitoyens est « une charogne ». La foule est comme un sujet hypnotisé : elle obéit avec une docilité désespérante aux suggestions d'une poignée de sacripants qui vivent à ses crochets.

Chose triste à dire, la presse de l'opposition seule s'est donné la peine de s'emparer de l'esprit des populations. Elle a été ainsi doublement libre de nuire à la vérité et de compromettre la démocratie.

Depuis qu'elle est si libre, la presse n'a pas créé un courant d'idées justes; jamais elle ne s'est occupée de relever le peuple d'un préjugé ou d'un mauvais sentiment. Elle a rendu au bien public tous les mauvais services. Ses indiscrétions ont compromis mainte opération militaire, et ses exagérations ont provoqué des mouvements d'opinions irréfléchis dont on a toujours eu à se repentir. Et toujours la presse a bénéficié des malheurs que son étourderie, sa cupidité, ou sa mauvaise foi ont occasionnés. Une telle presse a été le point faible de la puissance française, même vis-à-vis des barbares.

Et comment pourrait-il en être autrement? Le journaliste exerce une industrie. Que lui importe la vérité? l'essentiel est, pour lui, de plaire à son lecteur, de le flatter, de le convaincre. L'opinion du lecteur doit se plier aux exigences des intérêts ou des passions qui rétribuent le journaliste. La liberté absolue se trouve ainsi à la disposition de ces intérêts et de ces passions, et non plus au service de la vérité, qui est moins productif.

La presse de l'opposition a exploité sa liberté avec une effronterie sans bornes. Si l'escobarderie disparaissait du monde, on la retrouverait dans les bureaux de rédaction des journaux intransigeants. Les polémiques de ces journaux sont un tissu de citations perfides et tronquées, d'interprétations jésuitiques, de personnalités odieuses, de sophismes insidieux. Devant un argument péremptoire, le journaliste intransigeant biaise obliquement, et lance, en se dérobant, quelque injure venimeuse, ou quelque calembredaine évasive. Le journal la *Justice* eut souvent maille à partir avec la dialectique inflexible de M. Ranc. Il faut lire les turlupinades par lesquelles il lui répliquait : ce sont les modèles du genre de la polémique intransigeante à la fois suffisante, insolente, ondoyante et fuyante.

Un procédé familier à la presse de l'opposition, quand elle ne peut travestir ou nier un fait, c'est le silence, un silence opportun. Jamais journal clérical ne signala à ses lecteurs les turpitudes des membres du clergé. Jamais journal intransigeant ne réclama l'expulsion ou l'exécution d'un personnage intransigeant convaincu de vilenie. Si les républicains jetaient par-dessus bord une brebis galeuse, l'opposition s'en emparait triomphalement, soit pour l'embaucher, soit pour la traîner dans tous les carrefours de la publicité en criant : Voici, messieurs les électeurs, le parti républicain ; voyez comme il est immonde! — Quand à suivre l'exemple des républicains, il n'en fut jamais question: au fait, cela aurait décimé l'opposition.

Je n'ai jamais lu dans ces journaux une rectification, un aveu d'erreur, une amende honorable à la vérité. Si quelqu'une de leurs victimes exigeait la réparation que la loi n'a pu refuser, mal lui en pre-

6

nait. Le silence et l'oubli eussent été cent fois préférables aux venimeux commentaires dont la réparation était suivie. L'essentiel, pour un journal de l'opposition obligé de rétracter une calomnie, c'est qu'il en reste toujours quelque chose.

Quand les républicains s'aperçurent que la presse prématurément émancipée devenait non, comme en Angleterre, l'organe impassible de l'opinion publique, mais l'industrie préférée des faiseurs politiques, non la voix de la vérité mais la vocifération des passions factieuses, non la garantie du bien public, mais un instrument de discorde et d'erreur, l'effroi des honnêtes gens et le déshonneur de la démocratie, il était trop tard pour revenir en arrière. Mais la partie n'était pas perdue pour les républicains s'ils avaient voulu, comme il convenait aux adeptes d'une politique expérimentale, s'inspirer de l'état des esprits pour régler leur attitude et celle de la presse libérale.

Le gros public a des trésors de tendresse pour les enfants terribles de la politique et de la presse. Il s'arrête volontiers devant les parades bruyantes où se trémoussent les pitres qui sont l'ornement des parties extrêmes. C'est à force d'entendre répéter chaque jour par ces pitres les mêmes infamies sur le compte des républicains, qu'il s'est habitué à y croire. Les républicains ont-ils tenu compte de cette situation? pas le moins du monde. Ils se sont contentés d'opposer à ces attaques un dédain élevé, apprécié du public éclairé, oubliant que les destinées de la patrie dépendent du suffrage de tous les citoyens, et non pas seulement du suffrage des gens éclairés et sages. Bien plus, loin de réagir contre les envahissantes prétentions d'une presse impudente, ils ont plié le genou devant le journaliste, devant l'usurpateur, comme devant un souverain légitime. Quand les bons esprits assoiffés d'égalité demandaient que la presse fût rappelée à l'ordre, au respect de l'égalité et de la fraternité, que la liberté des silencieux et des faibles fût protégée contre les agressions des violents, que les fraudes et les falsifications de la vérité fussent réprimées comme celles des aliments, le gouvernement républicain rampait devant la presse ennemie, lui rendant privilège pour outrage, décoration pour calomnie.

Quant à la presse républicaine, elle est restée au-dessous de sa tâche. Elle n'a pas su parler à la foule le langage qui la séduit. Tandis qu'il fallait l'arracher des mains de la presse de l'opposition, et lutter sous ses yeux contre les mauvais citoyens qui l'exploitent, il semble que le mot d'ordre était de baisser le ton, et de parler pour n'être pas entendu. Les polémiques glaciales et maussades de certains journaux, la médiocrité des autres feuilles républicaines obstinément insignifiantes et insipides, tout semblait organisé dans cette presse pour faire supposer au public qu'elle n'avait aucune foi dans sa cause. Certes, celui qui crie le plus fort n'a pas nécessairement raison ; mais les mœurs actuelles exigent en France que celui qui a raison crie très fort. La presse républicaine s'est contentée de chuchoter : il n'est point surprenant que, dans un pareil tumulte, la foule n'ait pas entendu ses sages avis.

Quand il était trop tard pour ramener la presse à la commune mesure de la liberté, les républicains pouvaient trouver le remède à la situation dans le mal lui-même. Un parti qui lutte pour le bien public, contre des ennemis entièrement libres du choix de leurs armes et dépourvus de sens moral, a le devoir d'assurer sa légitime défense et de la proportionner à la violence de l'attaque. Les républicains, assurés de l'adhésion des gens éclairés, devaient employer tous leurs efforts à conquérir celle de la foule. Organiser une presse de combat capable de tenir en respect les batteries ennemies et de leur rendre coup pour coup, telle était la première mesure à prendre pour tempérer les inconvénients de la liberté de la presse. Éclairée et protégée par une presse légère d'avant-garde, la majorité républicaine n'eût point capitulé en rase campagne, le 30 mars 1885. C'est la presse de l'opposition, qui, maîtresse du terrain, a provoqué ce jour-là un véritable affolement dans le public et dans le parlement. C'est le triomphe de son audace inouïe, que les représentants de la majorité du pays aient dû s'incliner devant les minorités, que ceux qui devaient parler se soient tus, que ceux qui avaient raison aient eu tort.

Le parti libéral, jadis si hardi dans l'opposition, a tendu, ce jour là, le cou aux égorgeurs. Même après ce sacrifice, il a continué à désespérer de lui-même, et s'est désintéressé d'une partie qui n'était pas définitivement perdue. On l'a bien vu, le jour où les républicains de toutes nuances durent s'unir pour faire face à la réaction triomphante. L'union se fit, mais en réalité au détriment des progressistes. Depuis l'audacieux coup de main du 30 mars, ce parti, muet, désemparé, dénoncé aux ineptes rancunes de la populace, s'abstient de donner énergiquement signe de vie. On ne l'a point vu à la tribune tenir tête à l'ennemi, et montrer qu'il faut encore compter avec les partisans de l'ordre républicain. Qu'il doit pourtant se repentir d'avoir livré ses gouvernements aux attaques d'une opposition irréconciliable, capable de tout dire et de tout faire pour s'imposer à l'opinion publique, sans les soutenir au moyen d'une presse vigoureuse et populaire !

L'opinion que représente un gouvernement impersonnel a le droit de se faire valoir, aussi bien que les autres. Les républicains ont eu la naïveté de s'imaginer qu'une fois portés au pouvoir par les libres suffrages du peuple, ils n'avaient plus le devoir de défendre leur cause. Sophisme de conduite impardonnable ! C'est parce qu'ils ont négligé eux-mêmes leur cause, que le peuple s'en est détourné. Le premier devoir du parti républicain, devenu l'arbitre des destinées de la démocratie, était de tenir à distance les immondes requins qui tournoyaient autour de la liberté. Il lui fallait pour cela, je le répète, une presse vigilante, faisant rudement opposition à l'opposition. Une telle presse n'aurait pas laissé la majorité républicaine fermer les yeux, pendant que les Cassagnac, les Clémenceau et consorts lui escamotaient ses chefs; elle ne l'aurait pas laissée trahir ainsi le bien public, la démocratie et la France, et s'interdire, par une telle faiblesse, tout espoir de revenir, dans une nouvelle législature, réparer ses fautes.

Le parti de la conservation républicaine n'est pas coupable seulement d'avoir abandonné trop tôt des armes que ses ennemis ramassaient et tournaient contre lui, après les avoir empoisonnées : il s'est montré trop léger, trop dépourvu de discernement dans le choix des hommes qu'il appelait au gouvernement et à l'administration du pays. C'est là une des causes les plus actives de sa disgrâce.

Le principe supérieur qui préside à l'éclosion d'un régime démocratique est contenu dans cette maxime qui, selon le Christ, ne serait réalisée qu'au ciel : A chacun selon ses mérites. Faire régner ici-bas cette règle idéale, tel est l'objet officiel de la démocratie. Je dis officiel, parce que, dans la réalité, cette conception céleste subit nécessairement de hideuses métamorphoses.

La proclamation de la République devait être le signal de l'évocation d'une aristocratie française nouvelle, fondée sur le mérite réel (1). Tout homme

(1) Ce qui ne veut pas dire que les concours puissent seuls décider du mérite.

de valeur appartenait de plein droit à cette élite surgie de la société pour la gouverner : telle était la conséquence logique de la pure doctrine démocratique. Mais, les républicains, perdant de vue cette conséquence, n'ont jamais tenu la main à ce que les hommes chargés des responsabilités de la chose publique fussent choisis selon l'esprit des maximes démocratiques.

Gambetta confia un jour des fonctions exclusivement militaires à un général que ses mérites spéciaux désignaient pour les remplir. Le même jour, il mit à un poste où il fallait une plume alerte et souple au service d'un esprit érudit et bien informé des choses de l'étranger l'homme le mieux fait pour tenir ce poste. Ce fût alors un concert de récriminations et d'invectives. Et je ne parle pas des intransigeants qui se livrèrent à des exorcismes comiques, mais bien des républicains sincères, qui semblèrent scandalisés de voir que le mérite seul pût conduire ces citoyens à des fonctions non politiques.

La voie de la démocratie est semée d'écueils. Mais il en est un qu'on lui signale de temps immémorial, et qu'elle devrait savoir enfin éviter, c'est de tomber aux mains des médiocres. Il est de l'essence de la démagogie de faire déchoir une société jusqu'à cet avilissement; mais une société vraiment démocratique doit être gouvernée par les meilleurs, par une élite choisie, résultat d'une sélection que le peuple opère sur lui-même, avec indépendance et réflexion. La démocratie française a constamment transgressé cette loi dans la désignation de tous les hommes publics, depuis les ministres jusqu'aux plus humbles fonctionnaires et employés.

Peut on oublier la surprenante médiocrité et l'incompétence profonde de certains ministres républicains? Des choix aussi maladroits, aussi antidémocratiques aliénèrent l'esprit de beaucoup d'hommes distingués, jusque-là bien disposés pour la République. Les républicains semblaient ne pas avoir conscience de ce danger. A la constitution de chaque ministère, ils ne tenaient compte, pour la répartition des portefeuilles, ni des antécédents des candidats, ni de leurs réelles aptitudes. Souvent même, avant la constitution définitive de la listé, le même personnage avait été désigné indifféremment pour deux ou trois ministères! On entrait dans une combinaison ministerielle comme dans un moulin. Rares furent les exceptions! M. Waldeck-Rousseau, qui avait été ministre sous Gambetta, demanda, paraît-il, dans la suite, à devenir sous-secrétaire d'État aux Affaires étrangères, afin d'y accomplir une sorte de stage. Ce sage exemple de modestie et de zèle démocratique aurait dû être médité.

Les régimes antérieurs, dira-t-on, ne s'étaient pas toujours montrés difficiles dans le choix de leur personnel. D'accord : mais la démocratie était moralement tenue de mieux faire. En outre, le personnel choisi par ces régimes avait au moins le mérite de leur être dévoué. Or, on a vu tout le temps les républicains, si hostiles à l'admission d'un homme de valeur à des fonctions non politiques, soutenir de leur mieux dans des postes politiques, et souvent au mépris du vœu formel des populations, des administrateurs aussi médiocres par leurs convictions républicaines que par leur caractère et leur talent.

Le personnel gouvernemental et surtout le personnel administratif de la République manquaient généralement de cette tenue, de cette culture, de cette élégance de mœurs que le Français dénigre souvent, mais qu'il ne pardonne jamais qu'on néglige. La République se tenait mal. L'exemple venait d'en haut, et se répandait comme une contagion. Les hommes que ce régime a le plus comblés de faveurs lui ont ainsi causé un tort immense. La France veut bien être une démocratie, mais elle ne prétend pas renoncer pour cela à cette éducation brillante que lui ont léguée plusieurs siècles de politesse et de raffinement artistique. Le parti libéral, qui contient le dessus du panier de la France intelligente, s'est perdu en se faisant représenter par la plus mauvaise partie de lui-même.

La province, attendant les délégués de ce régime républicain qui promettait de faire mieux que ses devanciers, voyait arriver, à sa grande stupeur, des besogneux sans vocation, indifférents, ou même étrangers à leurs fonctions. Ces besogneux n'avaient d'autre préoccupation que de réaliser des économies, de se maintenir dans un poste lucratif ou de postuler de l'avancement. C'était montrer peu de confiance dans la durée du régime! — « Il a expédié plutôt mal que bien les affaires courantes, et il a mis de côté presque tout son fonds d'abonnement », telle est la note qui résume les services rendus à la République par les trois quarts des préfets qu'elle avait chargés d'inaugurer, dans le pays, une ère d'action bienfaisante. Ces agents n'acceptaient pas leur magistrature comme une mission, mais comme une bonne aubaine. Les plus élevés, les mieux placés, étaient les plus cupides. — Une telle administration n'était guère faite pour exercer une influence heureuse sur les populations, ni pour leur inspirer une haute idée de la République!

Le parti républicain n'a pas su tourner à son profit cet immense mécanisme administratif légué par l'ancienne monarchie, conservé et fortifié par Napoléon Ier, et imité par l'Allemagne, qui est devenue compacte et forte en se l'assimilant. Il a fait plus mal encore : il l'a laissé dégénérer, et il s'est aliéné le personnel administratif.

Quand les républicains sont arrivés au pouvoir, le haut personnel administratif était réactionnaire, le personnel subalterne était en grande partie républicain. Qu'ont fait les ministres et les représentants du gouvernement pour maîtriser l'un et pour conserver l'autre? précisément le contraire de ce qu'il fallait faire. Ils ont commencé par mécontenter grands et petits, amis et ennemis, en délaissant leurs intérêts communs. Ils ont sacrifié le personnel régulier aux compétitions du dehors. Ils se sont entourés fort mal, le plus souvent de fruits secs avides d'arriver par faveur aux places qu'ils étaient incapables d'obtenir par la voix ordinaire; et c'est au profit de ces candidats irréguliers qu'ils lésaient trop souvent leur personnel. On se figure aisément l'impression déplorable et dissolvante que ce favoritisme mal entendu causait parmi les employés et fonctionnaires. Mais l'exaspération des républicains, en particulier, fut au comble, quand ils constatèrent que les représentants de la République, tout en faisant litière des intérêts des petits employés, se laissaient jouer et dominer par le haut personnel, composé de réactionnaires sournois, espions dangereux qui devenaient ainsi les maîtres de la place. Ces humbles républicains se demandèrent ce qu'ils avaient gagné à l'avènement d'un régime qu'ils avaient tant appelé de leurs vœux et de leurs votes. Les uns devinrent indifférents, les autres réactionnaires, le reste socialiste. Les républicains avaient réussi à fortifier dans l'administration leurs ennemis qu'il fallait en chasser, et à aliéner les quelques amis qui auraient pu leur y rendre tant de services. Ils ne furent bien servis ni par leurs représentants, ni par le personnel supérieur des agents de l'Etat, ni par le personnel subalterne.

En résumé, la grande faute des républicains, tant qu'ils sont restés au pouvoir, a été de manquer à l'observance de leurs propres doctrines. On est donc en droit, jusqu'à un certain point, de rejeter sur eux la responsabilité écrasante des infortunes de la République. Il n'est pas honorable pour eux, qu'ils aient déployé, pour conserver la République, moins de vertu, de zèle et d'énergie que pour la fonder.

TROISIÈME LETTRE

Je vous ai entretenu, jusqu'à présent, des fautes du parti libéral. Ce parti, vous l'avez vu, a péché surtout par excès de faiblesse; mais il n'a jamais dévié de ses traditions de droiture et de dignité. Je n'en puis dire autant des deux autres partis, dont la monstrueuse coalition est déjà immorale par elle-même. Mauvaise foi et hypocrisie, ces deux termes résument leur tactique invariable contre les républicains de raison.

S'agit-il des réactionnaires? Un seul exemple vous donnera la mesure de leur mauvaise foi. La République s'est efforcée d'émanciper les intelligences par l'instruction gratuite et obligatoire. Il y allait de la liberté de l'enfant, l'homme de demain. C'est au nom de la liberté du père de famille, qui n'était pas en question, que les réactionnaires ont soulevé un ouragan de protestations contre l'instruction obligatoire. C'est au nom de la liberté, que ces gens qui n'hésitent pas à aliéner la conscience de leurs fils en les faisant baptiser, revendiquent par-dessus le marché, le droit exorbitant de les maintenir dans l'ignorance et de les rendre ainsi impropres à la liberté!

Si on leur rappelle que la Monarchie a maintes fois violé réellement la liberté du père de famille et celle de l'enfant; qu'en 1680, par exemple, l'autorité royale mettait obstacle à l'éducation des jeunes protestants par des maîtres protestants, au mépris de l'Édit de Nantes; qu'en même temps elle permettait aux prêtres catholiques d'enlever les enfants de sept ans aux familles protestantes, sous prétexte de conversions: ils répondent en haussant les épaules, que la raison d'État, que l'intérêt du royaume justifiait ces mesures, ce qui est d'ailleurs parfaitement inexact, et ils excusent volontiers la Saint-Barthélemy et la Révocation de l'Édit de Nantes. De quoi pourraient-ils donc se plaindre, si, sous prétexte d'établir l'unité des convictions religieuses, les libres penseurs et les indifférents, qui sont bel et bien en majorité dans ce pays, interdisaient l'exercice du culte catholique? Ce ne serait même pas une représaille: l'intérêt public, qui exige l'uniformité des convictions religieuses, prime la liberté de conscience! Mais, qui songe en France à faire subir aux catholiques cette règle inique et impolitique qu'ils ont si cruellement appliquée à leurs contradicteurs?

Comment donc prendre au sérieux les criailleries effrontées des réactionnaires? La liberté du père de famille dont ils se moquent, au fond, et qui n'est pas en jeu, ne saurait être atteinte par l'instruction obligatoire, prélude nécessaire, source et sauvegarde de toutes les libertés. Ils le savent bien. Mais ils savent aussi que leurs récriminations hypocrites émeuvent la foule, et que cela nuit au parti libéral.

Ils oublient volontiers l'histoire, les réactionnaires. L'histoire de la Monarchie française abonde en traits de violence contre le clergé, en expulsions, en confiscations, en extorsions sacrilèges. Les gouvernements républicains sont encore ceux qui ont le plus timidement porté la main, au nom des lois, sur des prêtres rebelles. Est-il permis d'ignorer le mot du bon La Fontaine qui, en plein triomphe de la Monarchie (1658), « allait voir tuer des Augustins ? » On *expulsait* ces Augustins pour avoir refusé de modifier une élection, et deux d'entre eux qui résistaient... furent tués !

En définitive, les réactionnaires ont confirmé les gens sérieux dans l'opinion qu'ils ne sont pas dignes de cette liberté qu'ils refusent aux autres. Quant à leur prétendu culte du principe de l'autorité, on a vu le cas qu'on en doit faire. L'autorité impersonnelle, celle qui, remise entre les mains d'hommes honorables élus par la nation, se trouve être la plus légitime, la plus acceptable pour la dignité humaine, ils l'ont abreuvée d'avanies : plus que personne, ils ont contribué par leurs assauts furieux à la jeter à terre. Le pouvoir personnel, fût-il odieux, fût-il méprisable, fût-il chargé de tous les malheurs de la patrie, voilà pour eux la seule autorité : ils n'en conçoivent point d'autre.

Ainsi entendu, le culte de l'autorité n'a qu'un nom: le servilisme.

Les intransigeants ne se sont pas montrés plus scrupuleux que leurs dignes alliés. Leur méthode politique a toujours consisté à déconsidérer les hommes supérieurs de la démocratie, pour mieux les abattre. Calomnies, diffamations, dénonciations, tous les moyens ont été bons pour eux. On ne se fait pas une idée de la prodigieuse dépense de haine, d'envie, de rancune, de lâcheté qu'ils ont faite pour créer les ineptes légendes dont ils ont souillé la gloire de Gambetta. Ce démocrate exemplaire, ce français de cœur et d'esprit qui fut la tolérance et la générosité mêmes fut appelé un jour *Vitellius* par je ne sais quel pion ivre de sa bave ! On ne lui pardonnait pas d'être à sa place. Et c'est à sa supériorité morale qu'en voulaient les intransigeants, puisqu'ils se turent quand les Brisson et les Floquet entrèrent au Palais où l'on se baigne, paraît-il, dans une baignoire en argent.

La tactique habituelle des intransigeants était de planter dans le flanc de leurs adversaires politiques quelques sobriquets envenimés préalablement d'un sens injurieux ou ridicule, qui provoquaient les rires et les outrages de la foule. Le surnom d'*opportuniste* qui, à une époque plus saine, eut été un titre envié par tout homme politique sérieux, est devenu grâce à eux, un terme de mépris. C'est ainsi que les intransigeants détournent sur leurs adversaires l'attention de la foule, afin de soustraire à son jugement leur politique de haines mesquines, d'ambitions personnelles et d'expédients malhonnêtes.

Ces pharisiens de la démocratie ont pris la précaution de s'affubler de l'épithète d'*intransigeants* qui, espérons-le, deviendra bientôt une injure. En vérité, ces intransigeants n'ont jamais transigé, même quand il l'aurait fallu pour le bien de la France et de la République. Mais leur intransigeance s'adoucit toujours quand les intérêts de leur coterie l'exigèrent.

Le peuple a été dupe de cette ostentation de fidélité aux principes sous laquelle les intransigeants ont dissimulé le néant de leur politique. Incapable de reconnaître ceux de ses serviteurs dont les intentions étaient droites, il ne s'est attaché qu'à de futiles apparences. Le peuple ne comprend pas que travailler pour le bien public est le seul programme politique honnête ; que les exigences du bien public sont variables, et que rester fidèle à un programme qui ne s'accorde pas avec les exigences successives du bien public, c'est trahir le peuple. Celui qui n'a d'autre préoccupation que le bien public ne trahit jamais son mandat. Après la guerre de 1870, après la Commune, après la chute de l'Empire, le député qui s'en tient invariablement aux programmes élaborés en des circonstances qui n'existent plus et en l'absence de circonstances qui ont surgi depuis, est ou fou, ou traître à la France, et traître à la liberté. Une doctrine politique fondée uniquement sur cette fidélité prétentieuse à des programmes périmés n'est qu'une mystification essentiellement malhonnête: elle ne peut être exploitée que par des gens de mauvaise foi, elle ne peut séduire que des électeurs dépourvus de bon sens ou de culture.

Si la politique intransigeante est immorale dans son principe, elle ne l'est pas moins dans la plupart de ses revendications. Dans tous les temps, chaque parti politique a eu la prétention d'être du bon côté de la morale. Aujourd'hui, cet argument suranné n'a plus aucune portée. Mais, si nul parti ne peut se dire sérieusement le parti des honnêtes gens, la coterie intransigeante de Paris a su acquérir les titres les plus incontestables au nom de parti des malhonnêtes gens.

Elle a défendu les récidivistes comme une mère défendrait ses enfants. En toute occasion, elle affiche une tendresse significative, non pour les pauvres diables, non pour les véritables malheureux, mais pour les faux prolétaires, pour tous les citoyens de moralité suspecte, pour la lie de la société, en un mot. La lie de la société a d'ailleurs senti d'où lui venait la sympathie : elle a afflué instinctivement vers le camp intransigeant. On l'a accueillie fraternellement dans ce cloaque où l'envie, l'émeute, l'extravagance sont perpétuellement à l'ordre du jour; où la vertu, le patriotisme, la tolérance, la vérité n'ont pas voix au chapitre. Les opportunistes, dont on dénaturait odieusement les actes et les desseins, s'en consolaient, ayant conscience de travailler pour le bien public. Mais, quelle conscience calleuse doivent avoir les citoyens qui exploitent avec un cynisme si opiniâtre le mensonge de cette rhétorique démagogique qui fut de tout temps nuisible à la patrie et funeste à la liberté!

La démagogie parisienne a une singulière manie : elle se méfie de ses élus, et elle envie même l'honneur qu'elle leur a fait de les élire. Elle leur interdit de favoriser les entreprises commerciales ou autres; elle ne veut ni qu'ils s'enrichissent ni qu'ils laissent entrer en France de l'argent étranger. « Défense sera faite à tout élu de prêter son nom à une entreprise commerciale ou financière (1). » Le seul commerce licite, est le commerce des fausses nouvelles, des calomnies, des insultes et des sophismes. La démagogie parisienne s'occupe ainsi de relever la prospérité de la France.

Mais il est un autre commerce qu'elle veut bien favoriser, ainsi que l'atteste le vœu suivant émis dans le courant de juillet 1885, un peu avant les élections législatives, par le Conseil général de la Seine et le Conseil municipal de Paris.

Le Conseil,

« Attendu qu'en France, et principalement dans le département de la Seine, un grand nombre de nos concitoyens ont été condamnés pour *falsifications ou fraudes* dans la vente des marchandises et que, par applications du décret de février 1852, ils ne doivent pas être inscrits sur les listes électorales;

(1) Voté par acclamations par le comité Clémenceau en 1885.

» Attendu que plusieurs milliers d'individus, quoique ayant subi la peine de l'affichage, de l'amende et de la prison, sont de plus écartés de toute participation aux affaires publiques ;

» Attendu que cette disposition draconienne doit disparaître prochainement de nos codes,

» Émet le vœu

» *Qu'avant les élections générales* de 1885, tous ceux qui ont été frappés par application de la loi de mars 1851, des dispositions du décret de février 1852, soient remis en possession de leurs droits électoraux en vertu d'une mesure d'amnistie. »

Eh bien ! et les principes? et le bien public? et la morale? et la santé du peuple? Vieux clichés, bons pour de vils opportunistes ! — Il y a à Paris 45,000 marchands de vins, et le fléau de la population pauvre de Paris, c'est l'alcoolisme, qui ruine le moral et la santé des ouvriers, et qui les achemine vers la dégradation et la misère. Un démocrate logique ne devrait cesser de réclamer l'expulsion du territoire de tous les falsificateurs de denrées élémentaires ou de boissons, et la confiscation de leurs biens au profit de leurs victimes. Mais le démagogue transige toujours quand il y va de ses intérêts électoraux. Les marchands de vin font les élections à Paris : et le démagogue trouve opportun de leur adjoindre un renfort de plusieurs milliers de gredins.

C'est une abominable exploitation des prolétaires, n'est-il pas vrai? Cependant les prolétaires en sont toujours dupes. Il n'y a eu qu'un journal socialiste, *la Bataille*, pour s'élever contre les monstrueuses prétentions des marchands de poison, pour prendre la défense du laboratoire municipal, « la seule garantie du peuple contre un empoisonnement de tous les jours », pour attaquer les députés qui, dans un but électoral, se faisaient « les complices d'une spéculation politique indigne contre la santé des électeurs. »

Rendons cependant justice aux intransigeants, et achevons ainsi de les peindre. Ils ont bien souvent péché par inintelligence : c'est la seule circonstance atténuante qu'on puisse faire valoir en leur faveur. Il y a eu parmi eux quelques hommes de valeur, à qui manquait le sens des réalités politiques. Encore finirent-ils presque tous par *trahir*, c'est-à-dire par se rallier à une politique sensée et patriotique. La supériorité des autres consistait à ressasser sempiternellement avec esprit et force calembredaines, les mêmes sophismes et les mêmes absurdités, dans un langage élégant, parfois ampoulé, toujours prétentieux. Ils sont tous remarquablement ignorants des choses de la France et de l'Europe. Ils n'aperçoivent jamais qu'un côté des choses, et c'est par ce côté qu'ils jugent de l'ensemble, avec une fatuité incommensurable, avec un dédain superbe pour les gens dont l'esprit plus compréhensif prend le temps d'examiner et de réfléchir. Pris en flagrant délit d'ignorance ou d'erreur, le démagogue s'en tire par un épigramme ou encore il passe, il supprime ce qu'il ignore : il n'admet pas ce qui ne peut entrer dans son cerveau.

Les républicains avaient pensé que la démocratie française, tout en demeurant prudente et paisible, devait se déclarer, à l'exemple de la Convention, solidaire du passé de la France, et disposée à poursuivre, selon les circonstances, la politique des ancêtres, en un mot à jouer en Europe le rôle d'une grande puissance respectueuse de son passé et soucieuse de son avenir. Les intransigeants ont été incapables de comprendre la grandeur et l'habileté de cette manière de voir : ils s'en sont même indignés.

Quand on leur parla d'associer, par la colonisation, les races inférieures aux bienfaits de la civilisation française, ce terme de *race inférieure* excita un véritable tumulte. Cela est risible. Tous les intransigeants qui ont protesté, sont prêts à s'inscrire en faux contre les idées spiritualistes, et contre la superstition chrétienne de l'immortalité de l'âme. Comment font-ils donc leur compte pour trouver qu'un Canaque est l'égal d'un Européen civilisé? Veulent-ils dire que tous les êtres vivants ont droit au respect de l'être le plus perfectionné? Mais alors, en vertu de quelle supériorité se font-ils traîner tyranniquement à la Chambre par un cheval? Si le Canaque n'est pas inférieur à l'Européen civilisé, le cheval n'a pas de raison de se considérer comme inférieur au député intransigeant. Si le député intransigeant s'attribue une supériorité sur le cheval, en dehors de toute considération spiritualiste, l'Européen civilisé a les mêmes raisons de déclarer que le Canaque lui est inférieur. Dame, il me semble!

M. Ferry ayant un jour invoqué l'histoire et parlé de l'avenir de la patrie, un intransigeant vint traiter à la tribune ces idées de *vieux clichés*. — Et personne ne bondit parmi les représentants de ce peuple qui, de temps immémorial, lutte et souffre pour les vieux clichés qui sont la gloire et la consolation de l'humanité, et parmi lesquels le moins touchant, le moins cher au cœur de l'homme, le moins sacré, n'est certes pas le culte de la Patrie!

La Patrie! les intransigeants n'en parlent que lorsque cela est utile pour leur cause. Ils ont fait allusion à la trouée des Vosges quand ils critiquaient les expéditions coloniales. Mais, quand on a demandé à M. Clémenceau ce qu'il y ferait, lui, à la trouée des Vosges, pour reprendre l'Alsace et la Lorraine, il a répondu que... le rayonnement pacifique y pourvoirait. Toute la politique extérieure des intransigeants tient dans cette contradiction.

Comment poursuivre un grand dessein politique, avec un parlement où les hautes questions nationales ne sont examinées que dans leurs rapports avec les incidents de politique intérieure, et sont traités comme des lieux communs? Il y a donc pour les monarchies une providence dont la démagogie est l'instrument, et qui veut prouver à l'univers que la liberté anéantit un grand peuple et lui interdit de faire figure dans les affaires du monde? Dans cent ans, peut-être, il ne restera plus de la France que des souvenirs étouffés par le ressentiment des races victorieuses... parce qu'il aura plu à quelques milliers de sectaires, de ratés, de politiciens médiocres et avides de s'imposer à ce malheureux pays, et parce qu'on les aura laissés faire!

Que de fois, méditant sur ces choses, j'ai eu le cœur serré à l'idée que l'œuvre de la Révolution, que ses principes, sublime patrimoine, étaient tombés entre les mains d'héritiers si indignes! — J'ai assisté au dénouement de la lutte entre les trois courants politiques. J'ai vu les minorités, saluant comme une délivrance un léger revers des armes françaises, étrangler la République modérée au coin d'un incident de politique extérieure. Ce jour-là, comme si cette crise d'aliénation mentale avait été réglée par les pires ennemis du peuple, j'ai vu la populace acclamer en même temps Cassagnac et Rochefort, la boue de Sedan et le sang de la Commune. Et, prévoyant l'issue de la terrible aventure que ces fureurs démagogiques faisaient courir à la liberté, je me suis dit que celui-là serait un citoyen clairvoyant et avisé, qui, lors de la fondation d'une République démocratique, demanderait, au nom du salut public et de l'avenir de la liberté, l'inscription au budget de quelques millions destinés à désintéresser les aventuriers politiques. . . . .

. . . .

La société française contemporaine est donc dépourvue des vertus civiques qui sont le principal ressort des états populaires. Quelques considérations générales sur sa moralité achèveront de la peindre.

Malgré les incompatibilités d'humeur et d'esprit qui les divisent, on voit les Français observer les uns vis-à-vis des autres, dans la vie courante, une déférence banale et doucereuse. En France, la considération publique n'est plus une récompense réservée au mérite et à l'honorabilité : c'est une concession que toutes les personnes semblent se devoir mutuellement, et qu'elles s'accordent uniformément. On dirait que cette société est composée de vieillards désabusés ayant tous quelque chose à se faire pardonner.

La classe moyenne, qui représente à peu près le parti libéral, apporte dans le train ordinaire de la vie cette tolérance mal entendue qui l'a perdue dans la vie politique. C'est une vraie caste de Philintes, pour qui tout le monde est sympathique, tout le monde est honorable, même les citoyens qui sont la honte de la nation, et à qui nulle main française ne devrait être tendue. Ils s'appliquent à traiter du même air l'honnête homme et le gredin. Mais, sous cette bonhomie de convention perce le mal hideux de la France contemporaine, l'égoïsme.

Les gens qui tiennent à l'indépendance de leurs vices et de leurs faiblesses, sont bien obligés de respecter ceux d'autrui. Leur indulgence n'est donc pas l'effet d'une supériorité d'âme et d'esprit : ce n'est qu'un raffinement de leur égoïsme. Plus de surveillance mutuelle! tel est le vœu de l'égoïste dont le sens moral est émoussé. Sauver les apparences, voilà le seul sacrifice qu'il consente à faire à l'intérêt général. Il sait bien que de telles mœurs perdent la société. Mais sa génération jouira de la vie, et après elle, le déluge!

Ainsi, dans cette civilisation française travaillée par un égoïsme constitutionnel, plus de virilité, plus de caractères, plus de cette opinion publique austère et vigilante qui venait à la rescousse des consciences indécises! A la surface un pococurantisme frivole; au fond des âmes un individualisme corrosif et grossier. Partout, en un mot, les marques repoussantes de la décrépitude.

Le tiers état contemporain a expié son immorale et énervante indulgence. En échange de ses sacrifices et des gages qu'il a prodigués, pour rester sympathique, au détriment de sa dignité et de sa cause même, il n'a obtenu que des humiliations et les témoignages d'une haine irréconciliable. Ses adversaires, plus franchement égoïstes que lui, l'ont pris au piège de sa déplorable manie, et, tandis qu'ils le jetaient à la rivière, il n'a su que leur renouveler l'expression dérisoire de ses sentiments pacifiques et conciliants.

La victoire est restée aux plus égoïstes; à ces idéologues aigris et farouches, si naïvement despotes, qu'ils sont inconsolables de ne pouvoir incarcérer l'humanité dans leurs idées fausses; à ces aventuriers intransigeants, les égoïstes par excellence, qui, dans leur course ambitieuse, écrasent tant de malheureux; à ces industriels pour qui les idées d'intérêt général, de solidarité sociale ne sont que des marchandises dont les électeurs badauds acceptent la contrefaçon les yeux fermés.

Les monarchistes n'ont pas été en reste d'égoïsme avec leurs concitoyens. Ces hommes qui *prennent leurs souvenirs pour des droits* (1), se sont retranchés dans l'individualisme comme dans le seul refuge contre la société contemporaine. Résolus à n'accepter jamais l'égalité, à n'avoir rien de commun avec la démocratie, ils se sont hérissés de maximes de conduite d'un égoïsme féroce. De tous les legs de la Révolution, le *Chacun pour soi* est le seul qu'ils aient accepté de bon cœur. Quant à leurs alliés, à ces parvenus qui prennent leur vanité pour une supériorité sociale, ils sont les pires ennemis du bien public. Ils ne s'occupent du bien public que pour faire une opposition violente et grossière aux hommes qui le servent. Ces égoïstes d'un genre étrange, s'évertuent à trancher sur la société où ils vivent par des mœurs bizarres, luxueuses, exotiques. Ils veulent n'avoir aucun point de contact avec le reste des citoyens; ils forment un monde à part ayant ses journaux, son argot, ses coins préférés, d'où s'exhale un matérialisme brutal et mystique, sceptique et cagot. Là, il est de bon ton de railler ce que respectent les autres hommes et de plier le genou devant les légendes les plus niaises. Les journaux qu'on y lit sont ultra-cléricaux. Ils sont mondains

(1) Rivarol.

et polissons, mais orthodoxes. Le lecteur sanctifié par les parfums dévots de la première page trouve à la quatrième un asile confortable réservé à la pornographie et à l'adultère. Ces feuilles catholiques, ce sont des Juifs qui les dirigent! Au demeurant, ces mœurs de sacristie galante, cette orthodoxie quant aux pratiques extérieures de la religion et de la mode donnant la main au plus hardi scepticisme en fait de morale publique et privée, tout cela dérive de l'individualisme. Tous les Français sont atteints de cette maladie : chacun la porte suivant ses goûts.

C'est la Révolution qui a semé les germes de ce mal que tant de vicissitudes politiques ont prodigieusement développé. Il a étendu ses ravages sur toutes les manifestations de l'activité francaise. Il a défiguré la physionomie si distinguée des productions artistiques de ce peuple; il a métamorphosé jusqu'aux moindres détails de la vie française. L'ancienne France s'en va en tout et pour tout. Seuls, quelques hommes éclairés du parti libéral en conservent les traditions.

Tout se tient, dans une société. Quand les particuliers s'entendent pour relâcher le lien social; quand, grâce à la complicité de tous, l'égoïsme de chacun se développe dans les dessous de la vie, la morale n'a plus de sens, la pauvreté est une honte, la faiblesse devient méprisable; le succès est alors le seul but de la vie; la discrétion justifie les moyens, la cupidité justifie la vénalité. Alors, les jeunes ménages ne veulent plus d'enfants, et tandis que le célibat devient à la mode, et que les infanticides se multiplient, la prostitution clandestine et adultérine se développe d'une façon effrayante. Et l'on voit la natalité baisser, la population décroître et la patrie se tarir d'année en année, comme un lac dont les eaux se retirent.

QUATRIÈME LETTRE

> Vous ne vous élèverez jamais au-dessus de la bravoure militaire ; vous aurez des Murat, et jamais des Washington.
>
> STENDHAL.

Les considérations que j'ai émises sur la santé morale de la nation française vous ont fourni quelques données essentielles sur l'état de sa puissance militaire : une armée a toujours, en effet, d'étroites affinités avec la société qu'elle protège. Mais, aujourd'hui, c'est exclusivement au point de vue militaire que je ferai le procès du peuple français.

Malgré les divergences de leurs sentiments politiques et leur manie de s'individualiser dans la vie privée, tous les Français, ou à peu près tous, dès qu'il s'agit des questions militaires, retombent sous l'empire d'un préjugé commun. Toutes les faiblesses, tous les contresens qu'offre l'armée française à des yeux non prévenus, découlent de l'estime exorbitante que le Français professe pour sa propre valeur militaire. L'on ne comprend rien à l'œuvre du législateur français, si l'on n'est averti qu'il considère le troupier français comme nécessairement supérieur aux autres; d'où il résulte que cette qualité extraordinaire permet de dédaigner la quantité, qui serait le seul avantage des autres armées.

Ceux qui n'ont pas pénétré dans les dessous de ce préjugé doivent se demander comment une illusion aussi puérile a pu s'établir dans des esprits bien faits et si prompts à saisir le ridicule. Toujours est-il que cette illusion a exercé sur les destinées de l'armée française une telle influence, qu'il faut lui faire les honneurs d'une étude spéciale.

Cette illusion nationale, je l'appellerai *le préjugé français.*

On a pu croire un instant que, désabusés par leurs revers de 1870, les Français allaient abjurer courageusement une illusion aussi désastreuse. Mais, après une courte hésitation, ils y sont revenus. Malheureusement, le préjugé français avait perdu sur les champs de bataille ce caractère, respectable après tout, d'article de foi nationale qui, jusque-là, avait été plus souvent confirmé que démenti par la fortune des armes françaises. L'expérience avait surabondamment démontré que ce ressort puissant qui avait produit jadis tant de grandes choses, était désormais insuffisant. S'obstiner à faire reposer sur cet appui évidemment fragile le fardeau de la défense nationale, ce n'est plus seulement l'effet d'un amour-propre honorable : il doit se cacher sous cette obstination des sentiments qui n'ont rien de commun avec l'amour de la patrie. C'est ce que je me propose de vous montrer.

En juillet 1870, le parlement, l'armée, le peuple entier étaient possédés jusqu'à la démence du préjugé français. Jusqu'à la capitulation de Sedan, le Sénat conserva une confiance inaltérable dans l'armée démodée de l'Empire. Au Corps Législatif, il ne fut même pas permis d'exprimer un doute sur la prétendue supériorité de l'armée française, et sur l'infaillibilité de ses chefs. Ceux qui ne partageaient pas cette confiance immodeste furent même assez rudement maltraités. Le 22 juillet, M. de Jouvencel s'étant écrié : « En vérité, Messieurs, je vous assure que c'est un triste spectacle de voir que des représentants de la France affectent une confiance qui est dangereuse », de vives protestations s'élevèrent. Un membre de l'Assemblée s'écria : « Ce que vous dites là, n'est pas français ! » — Ce qui est vrai, d'ailleurs, si l'on interprète le mot dans un sens malicieux. — Un autre ajouta : « Nous ne sommes pas menacés, nous sommes menaçants ! » — Voilà le préjugé français dans toute sa splendeur.

Si ce préjugé n'existait pas, les journaux français l'auraient inventé. Rien n'égale la puérilité de leurs rodomontades. S'il n'y a que cinq Allemands contre un Français, écrivait un journaliste en 1870, cela suffit pour qu'on leur fasse passer le Rhin à coup de crosse dans le dos. — « Si les Prussiens ont l'audace d'avancer en France, ils n'en sortiront pas vivants ! » (*Figaro*, août 1870). Le 10 août 1870, quand l'épée de l'Allemagne avait déjà pénétré profondément dans les flancs de la patrie française, la *Liberté* publia un article que je considère comme un précieux monument du préjugé français. Ce journal étonnant proposait tout simplement d'envoyer 500.000 volontaires à Berlin, sous la conduite du général comte de Palikao! « Avec un corps de 6000 hommes, le général a affronté, à 6000 lieues de son pays, une nation de 350 millions d'habitants, et l'a vaincue. Avec 500.000 hommes animés par le plus ardent patriotisme, comment ne vaudrait-il pas 37 millions d'Allemands ; comment serait-il moins triomphant à Berlin qu'à Pékin ? etc.... Assez de phrases ! des actes ! à Berlin ! » On croirait à une mystification, si l'on n'avait mille autres témoignages des ravages que le préjugé français exerçait alors dans les cervelles de nos ennemis (1).

Au parlement, l'opposition poussa bien un cri d'alarme; mais sa protestation ne fut pas dégagée de tout parti pris politique. On ne peut conclure de l'attitude des membres de la minorité qu'ils fussent affranchis du préjugé commun. Leur opposition à la guerre était une conséquence de leur politique générale; elle n'était pas inspirée, du moins à l'origine, par la notion exacte de la disproportion des forces entre les deux adversaires. Il est même permis de supposer que certains républicains appréhen-

(1) J'ai entendu moi-même un capitaine de cavalerie déclarer sérieusement, douze ans après la guerre, qu'avec cent mille hommes armés de fusils à baguette, il se chargeait de venir à bout des millions de soldats allemands, et de leurs armes à tir rapide !

daient de voir la dynastie impériale relever, par une victoire, son prestige en détresse. M. Jules Favre demandait avec une insistance fâcheuse l'armement de la garde nationale de *Paris*. M. Thiers se contentait de trouver la politique du Cabinet inopportune et imprudente, de blâmer son attitude belliqueuse qui serait, disait-il, appréciée défavorablement par le monde civilisé. Mais il ne vit pas clairement, dès le début, que dans cette guerre, juste ou injuste, allaient se heurter deux systèmes de combat absolument différents, les petites armées de service à long terme et les masses armées d'une nation entière. Il partageait l'illusion de l'immense majorité des Français, qui dédaignent la condition du nombre sur le champ de bataille, ne doutant pas qu'un soldat français ne vaille plusieurs fusils allemands. Le sens de cette situation échappait si bien à M. Thiers, que, dans la suite, il fut l'avocat obstiné du système si cruellement condamné par l'expérience. C'est lui qui empêcha l'établissement du service universel à court terme ; c'est lui qui dirigea, d'une influence prépondérante, la réaction militaire contre un progrès dont il n'apercevait pas la nécessité et que ses clients avaient leurs raisons de repousser.

Seul, un jeune député avait protesté, dès la séance du 16 juillet 1870, contre « une guerre qui verra la fin du dix-neuvième siècle consacrée à vider la question de prépondérance entre la race germanique et la race française ! » Et Gambetta, car c'est lui qui eut cette perception nette des périls où courait la France, Gambetta prononça, dans la séance du 11 août, ces paroles qui auraient dû être, pendant quinze ans, le programme de la conservation et de la régénération de la patrie française : « La question qui est posée de l'armement du suffrage universel dans la France entière, est une question de salut public... *Ce que nous avons devant nous, c'est la Prusse, c'est toute la nation prussienne armée.* Depuis 1850, cette nation masse ses enfants et les prépare à la guerre... C'est une nation tout entière que nous avons devant nous. Vous lui avez opposé une armée dont personne plus que moi n'admire l'héroïsme, *mais, faites-y bien attention, en présence d'une nation armée, il faut que nous suscitions aussi une nation armée.* » On y fit si peu attention, que cet homme qui, seul, fit preuve, dans cette circonstance, de la plus merveilleuse clairvoyance, fut traité de fou furieux par M. Thiers lui-même !

Dans la suite, c'est à Gambetta qu'échut la tâche d'organiser et de diriger la défense nationale. S'il déploya plus ou moins de compétence dans le règlement des détails techniques, c'est là une question secondaire. Ce qu'il importe de retenir du souvenir de cette levée en masse pour le salut de l'honneur national, c'est que, le vainqueur ayant expérimenté avec succès la nation armée, le vaincu put, de son côté, faire de ce système un commencement d'épreuve assez concluant. Les résultats obtenus avec les troupes d'un semblant de nation armée improvisée, par un gouvernement lui-même improvisé en plein désastre, sur un territoire occupé par l'ennemi, révèlent à tous les hommes exempts de parti pris la puissance de l'effort que pourrait développer la France armée. Les interventions intempestives de M. de Freycinet, si souvent reprochées au gouvernement de la Défense nationale, n'ont vraiment rien de commun avec la question dont il s'agit. Ce n'est pas les petits côtés des grandes choses qu'il faut examiner quand il s'agit des intérêts de la patrie. Organisée à la prussienne, ainsi que le désiraient Gambetta, et, avant lui, des personnages plus compétents dont je vous parlerai dans la suite, l'armée française ne se serait pas engloutie, comme un troupeau affolé, dans les rafles de Metz et de Sedan. La densité de ses effectifs eût déjà suffi pour la préserver de perdre pied sous la poussée des flots de l'invasion, ainsi que les chétifs corps d'armée de l'Empire. Ces choses sont depuis longtemps reconnues de tout le monde, hors de France. Mais ici on ne s'en occupe que pour les nier. En pareille matière, l'évidence, l'éloquence des faits, le patriotisme ont, contre eux, une formidable coalition de préjugés, de routine et d'intérêts.

Le préjugé français, qui se contente naturellement des petites armées de soldats de profession, fut à peine effleuré par l'avertissement décisif que le triomphe de la nation armée allemande et la glorieuse résistance des armées de la défense nationale donnèrent à la France. On a même organisé, dans ce pays, autant que les convenances le permettent, une véritable conspiration de l'oubli contre la Défense nationale. Le seul Français qui, dans ces jours sinistres, ait conservé le sentiment de la vérité, le premier qui ait pensé à sauver du naufrage l'honneur de la patrie, a été l'homme le plus vilipendé, le plus honni par ce peuple frivole qui se décerne de si prétentieux certificats de bon sens, de dignité, de dévouement à la justice et à la vérité. La ville de Paris a refusé un emplacement pour sa statue, et pas un élu de cette cité n'a osé parler d'inscrire le nom de Gambetta au coin d'une rue! Ainsi, la grande ombre du plus patriote des républicains français, de celui qui, d'une démocratie moins versatile, eût fait une puissance européenne de premier ordre avec des institutions libérales, est exilée de ce Paris déshonoré qui s'encanaille avec des avocats dévoyés, avec des rôdeurs politiques, avec des cuistres ignares et ridicules!

Cependant, le doigt sur les plaies sanglantes de la patrie, ceux qui ont, depuis, battu en brèche les enseignements de l'année terrible, avaient un jour reconnu la vérité. Il fut impossible de nier, pendant quelques mois, que toute la France ne serait pas de trop pour repousser toute l'Allemagne, que la contre-invasion pouvait seule neutraliser l'invasion. Les journaux s'écrièrent alors, au nom de l'opinion publique : « Opposons aux envahisseurs la patrie toute entière, debout et en armes. » (*Soir*) — « La France lèvera deux millions d'hommes, s'il le faut, mais elle aura la victoire! » (*Gazette de France*). — « Aux armes! faites la levée en masse... plus de bureaucratie, plus de routine! inscrivez-vous! prenez les hommes de 18 à 40 ans, donnez-leur des fusils et sus à l'ennemi! » (*Pays*) — « La France n'a pas dégénéré, et, si le destin des armes l'y force, elle appellera ses enfants, en 1870, comme en 1792, et les Vandales qui ont violé ses frontières et son territoire seront écrasés. » (*Figaro*) — Mais, le péril passé, ces journaux furent les plus acharnés contre l'œuvre de la Défense nationale, les plus enragés contre son protagoniste, les plus insupportables adversaires de toutes les mesures tendant à supprimer « la bureaucratie, la routine, et à organiser la levée en masse » à l'avance, en temps de paix.

Aussi, depuis 1872, la réorganisation de l'armée est-elle restée dans un état provisoire. Toutes les tentatives d'établissement définitif ont échoué devant le préjugé français, qui venait hanter les discussions du parlement, et dissiper, comme par enchantement, les arguments les plus décisifs et les exemples les plus probants.

Dès qu'il a fallu s'occuper enfin de la révision de la loi de 1872, si instamment réclamée par l'opinion publique, bien que l'intérêt de la patrie fût en jeu, deux tendances contraires se sont manifestées dans le parlement, dans l'armée et dans la presse. Les uns sont d'avis que la France se constitue résolument en nation armée, les autres, au contraire, prêchent le retour en arrière. Mais cette divergence est superficielle : c'est la politique, et non le souci des intérêts militaires de la France qui l'a engendrée. Chacune des deux solutions de la question militaire n'est soutenue que comme un article d'un programme politique adopté en bloc; ce qui fait que, de part et d'autre, on a mille fois raison de s'accuser réciproquement de faire intervenir les passions politiques dans le règlement des questions militaires. Au fond, ni d'un côté ni de l'autre, on n'a de convictions bien arrêtées, bien raisonnées, bien réfléchies sur le parti le plus sage à prendre pour constituer une force militaire solide; ni d'un côté ni de l'autre on n'est affranchi du préjugé français.

Les radicaux inscrivent sur leurs programmes le service universel de trois ans. En matière de service militaire, c'est le dernier mot du radicalisme. Le Comité central républicain socialiste de la Seine, dans son programme discuté et voté en vue des élections de 1885, réclamait (partie politique, art. 9) le *service militaire obligatoire et égal pour tous, et sa réduction à trois ans* (1).

Service universel de trois ans! Ces deux expressions jurent d'être accouplées. Si le service est

(1) Suivait une floriture démagogique dépourvue de sens : « Suppression graduelle des armées permanentes ». — Pourquoi pas immédiate? Qu'est-ce qui prouve que les circonstances qui imposent une gradation disparaîtront? — Il y aura donc une période pendant laquelle tout le monde ne sera pas soldat? Ou le service militaire sera-t-il réduit peu à peu pour tout le monde? Et, alors, pourquoi pas le réduire tout de suite au minimum?

rigoureusement universel, la France aura sous les drapeaux trois contingents entiers, soit plus de 700,000 hommes. Or, elle ne peut entretenir une si nombreuse armée. Il faudra donc déroger à l'égalité ou à l'universalité du service, et créer des exceptions ou des privilèges qui détruiront la légitimité du principe ; il faudra ouvrir la porte aux faveurs ou créer des concours qui draineront de l'armée toute la jeunesse intelligente.

Ceux qui préconisent le service de trois ans, ne semblent pas se mettre en peine de ces difficultés. Ce qu'ils réclament par là, c'est donc bien moins une mesure militaire qu'une mesure politique. C'est un allègement des charges militaires qu'ils ont en vue, non l'application d'une conception militaire nouvelle, dont la réduction du service est la conséquence nécessaire. Ont-ils jamais montré une réelle sollicitude pour ces réformes préalables sans lesquelles l'organisation de la nation armée ne serait qu'une vaste duperie? Dominés par des préoccupations égalitaires, ils ont toujours oublié de réclamer, en même temps que la réduction du service, la constitution de cadres solides, et la stabilité du commandement suprême de l'armée. — Que tout le monde concoure le mieux possible à la sécurité de la patrie, tel est le principe de la nation armée. Que les charges de la population soient réduites le plus possible, tel est le fond des préoccupations des radicaux, en matière de réformes militaires.

Plus soucieux des intérêts militaires de la France,

les radicaux auraient été amenés à comprendre que ces intérêts, bien entendus, s'accordaient mieux qu'ils ne croyaient avec leurs arrière-pensées politiques. Ils se seraient aperçu que trois ans de service pour tous les citoyens, ce serait *une aggravation plutôt qu'une réduction des charges du peuple*, et qu'il est possible de trouver une durée du service moindre, partant plus acceptable pour les citoyens, et qui, cependant, ne semblerait pas subversive du bien militaire moderne aux officiers des armées les plus féodales de l'Europe.

En inscrivant dans leurs programmes le service réduit et obligatoire pour tous, sans plus de précautions, les radicaux n'ont réussi qu'à discréditer un système militaire dont ils sont en France à peu près les seuls partisans. Les modérés (1) restaient indécis entre une réforme évidemment excellente, et la séduction toujours puissante du préjugé français. Mais, dès que le service à court terme se présenta à la surface d'un programme politique avancé, ils n'hésitèrent plus : ils se rejetèrent dans le culte du service à long terme et s'y cramponnèrent superstitieusement comme à une branche de salut.

Lorsqu'il s'agit de réformes nécessaires, mais pénibles et exposées à l'hostilité et aux répugnances de préjugés populaires invétérés, l'esprit de réaction, ou pour mieux dire, l'esprit de contradiction, est

(1) J'entends, par là, les réactionnaires modérés et les hommes de la gauche restés fidèles aux opinions militaires de M. Thiers.

mauvais conseiller. Les radicaux sacrifient tout à l'intérêt immédiat de la foule; mais leurs adversaires se raidissent contre les réformes les plus indispensables, simplement par haine de la foule et par aversion pour l'égalité. Les uns flattent les instincts égalitaires du peuple, les autres exploitent un préjugé cher à l'égoïsme de ce même peuple. Mais ces derniers ont la manie peu loyale de se poser comme les seuls amis de l'armée exclusivement préoccupés de ses intérêts.

Il ne faut pas perdre de vue que les radicaux n'ont jamais été à même d'appliquer leur programme militaire. Les modérés, au contraire, se sont arrogé le privilège de la confection des lois militaires. Ils sont, à la fois, juges et partie dans cette question et, en fait, c'est sur eux qu'il faut faire peser la responsabilité de la situation actuelle de l'armée.

C'est à eux que revient le blâme de cette loi de 1872, inapplicable et restée inappliquée, qui a fait de l'armée française un véritable habit d'arlequin. Certes, l'égalité du service, ce scandale révoltant aux yeux de M. Jules Simon et des capitaines retraités qui rédigent les articles militaires des journaux centre gauche, l'égalité, même sans les précautions qu'elle exige, n'eût pas produit une armée plus douteuse, plus inconsistante, que l'œuvre de la législation de 1872. Tout le monde est bien obligé de convenir que cette législation provisoire n'a produit que des résultats détestables. Mais, dès qu'il s'agit de réorganiser définitivement, la seule idée de faire une concession à l'esprit égalitaire du pays effarouche les modérés. Impossible de leur faire entendre que, s'il y a une concession à faire ici, c'est au bon sens pratique, à l'intérêt bien entendu de l'armée ! Leur abnégation ne va pas jusqu'à prendre en considération des projets de réformes où l'égalité pourrait trouver son compte, aussi bien que l'armée !

Quel est le problème à résoudre ? — Pourvoir l'armée française des qualités et des éléments de force dont la guerre de 1870 a montré qu'elle était dépourvue. Quel a été l'unique souci des hommes qui ont assumé la tâche de résoudre le problème ? D'écarter impitoyablement toute réforme se présentant sous une étiquette démocratique... tendit-elle à introduire en France une organisation dont les monarchies de l'Europe se trouvent si bien.

Ce parti pris d'opposition politique est évident, et, même en travaillant à le dissimuler, on laisse voir qu'on en est obsédé. Il faut voir à quels arguments misérables on descend pour sauver les apparences. Ainsi, l'on persiste, au mépris de la vérité, a représenter le service universel réduit, comme une utopie exclusivement démocratique ; et l'on adresse à la nation armée le reproche qu'elle peut le moins encourir. « L'armée organisée par la démocratie cesse d'être une force militaire contre les ennemis du dehors : elle devient une arme politique contre les adversaires du dedans (1). » — Les armées de sol-

(1) L'Armée et la Démocratie.

dats de profession tendent à dégénérer en légions de gardes du corps d'un souverain ou d'une dynastie, et, dans les sociétés modernes, elles ont toujours été aussi redoutables pour la liberté des citoyens, que fragiles devant les invasions. Voilà le fait. Mais, de quel droit affirmer que la France armée sera un instrument politique? (1) Comment oser dire, après 1870, qu'une nation armée n'est pas une force militaire contre les ennemis du dehors? De tels enfantillages ne signifient au fond qu'une chose : c'est que ceux qui les opposent au système de la nation armée, lui reprochent ainsi d'être agréable à la démocratie. Voilà leur seul grief; il est purement politique, c'est-à-dire sans valeur.

Vous voyez quel est l'esprit de l'opposition que les adversaires du service universel font obstinément à l'établissement d'une grande et puissante armée nationale. Les lumières, l'autorité de ces hommes, les plus éclairés de la nation, n'ont été employés qu'à endormir les énergies réveillées par le terrible coup de 1870, à agiter les grelots de la vanité française à des oreilles trop crédules, à descendre dans les âmes, pour y bercer l'indolence, pour y propager la démoralisation et l'égoïsme. On a déployé des

(1) Comparer la nation armée aux troupes de la Commune qui élisaient leurs chefs, et dont « le dernier fait de guerre fut de se mesurer contre les restes de l'armée. » C'est une odieuse plaisanterie. Il n'y a rien de plus opposé que la France armée et l'émeute. Autant vaudrait dire que les maréchaux de France ont l'habitude de trahir leur patrie, puisque Bazaine, à Metz, etc.

trésors d'éloquence attendrie pour prêcher au peuple le retour en arrière, pour lui faire oublier les effrayantes réalités du présent, en l'étourdissant par de séduisants souvenirs et de chimériques espérances. L'Académie française, elle-même, s'en est mêlée. Elle a couronné avec empressement un livre intitulé : *La Puissance française*, tissu de malédictions sentimentales contre la démocratie et les progrès de la science militaire, enveloppés dans un même anathème.

Les radicaux se sont trop laissé distraire par des préoccupations politiques: mais, en demandant l'égalité et la réduction du service, ils ont, du moins, l'excuse de pouvoir se recommander de l'autorité des plus grands hommes de guerre du siècle, de l'exemple des vainqueurs, de l'expérience des guerres les plus récentes, et de poursuivre une organisation qui, selon l'expression d'un des hommes les plus distingués du Grand état-major Allemand, est l'idéal d'une nation civilisée. Les partisans du service à long terme, n'ont aucune excuse; ils n'ont cherché, dans les autorités et dans les exemples dont ils se sont recommandés, que la justification du préjugé français.

« On n'est plus heureux à notre âge, monsieur le maréchal » disait affectueusement Louis XIV à Villeroi, après la défaite de Ramillies. Il honorait ainsi les vaincus, de même que Rome honorait ceux qui n'avaient pas désespéré de la patrie. Mais ce n'est pas Villeroi que Louis XIV aurait chargé d'organiser les victoires futures, et Rome eut toujours la sagesse de renoncer à ses armes et à ses usages, quand l'expérience lui en faisait découvrir de meilleurs, même chez les vaincus. La France contemporaine met son amour-propre à ne pas accepter les leçons de ses vainqueurs, même quand elle a tant de raisons de leur opposer leur propre système. Elle fait consister son courage à s'obstiner dans ses défauts. « M. Thiers osait regretter l'armée de Reischoffen et de Metz! (1)... ». Plus cette armée a déployé de vertus héroïques, plus il semble que le véritable courage consistait à y renoncer, puisqu'il est avéré que ces vertus n'ont pas suffi. Ainsi ont fait les Allemands, après Iéna. Mais ce n'est point ainsi qu'on entend les choses en France. Pour former une armée nouvelle, on a choisi les partisans déterminés du système vaincu, roquentins hargneux, entêtés et bornés, incapables de reconnaître leurs erreurs, de faire abnégation de leur présomption et de leurs préjugés. L'éclosion de l'avenir a été confiée à des gens intéressés et résolus à absoudre le passé et à le faire revivre.

Les peuples orientaux, las d'être une proie assurée pour les peuples perfectibles, sortent enfin de leur immobilité tant de fois séculaire, et organisent des armées selon les procédés modernes. Mais les Welches, prosternés dans l'admiration d'eux-mêmes, ne se relèvent pas. Plus ils seront vaincus, plus ils se-

(1) L'Armée et la Démocratie.

ront orgueilleux de leurs défauts et de leurs erreurs, plus ils persévèreront dans leur sottise.

Ils n'ont cependant pas à sortir de leur histoire, ces Welches bornés, pour trouver les oracles qui leur dictent la seule conduite vraiment conforme aux intérêts de leur puissance nationale! Les deux plus grands chefs du parti de la guerre en France, dans ce siècle, Napoléon Ier et Napoléon III, ne sont pas suspects d'animosité contre les armées de vétérans auxquelles ils ont dû la gloire de leur nom. Cependant, ils ont compris que le temps des phalanges héroïques était fini dans le monde civilisé; que désormais elles seraient maîtrisées et débordées par un instrument de guerre nouveau, organisé de longue main dans ce dessein. Les applications de la science et de l'industrie aux choses de la guerre ont complètement modifié les conditions du succès sur le champ de bataille. Si les armes à tir rapide avaient existé du temps des Mèdes et des Perses, jamais les soldats d'Alexandre n'auraient revu leurs foyers.

Napoléon Ier fut le premier à s'apercevoir que les ennemis de la France combinaient une parade infaillible contre la furie française, et il reconnut qu'il fallait changer de méthode.

« L'Empereur Napoléon, dans la tête duquel toutes les grandes pensées ont germé, fit lire au Conseil d'État, jusqu'à vingt rédactions d'un projet d'organisation des trois bans de la garde nationale. Mais les événements empêchèrent l'accomplissement de ses desseins ; et l'Empereur, attiré par d'autres objets, vit échapper ce plan que sa prévoyance calculait pour mettre la France à l'abri de tout revers. Il s'écriait, au Conseil d'État : « Poursuivez donc les bans de la garde nationale ; que chaque citoyen connaisse son poste au besoin ; que M. Cambacérès, que voilà, soit dans le cas de prendre son fusil, si le danger le requiert ; et alors vous aurez vraiment une nation maçonnée à chaux et à sable, capable de défier les siècles et les hommes. Je relèverai d'ailleurs cette garde nationale à l'égal de la ligne ; les vieux officiers retirés en seront les chefs et les pères. J'en ferai solliciter les grades à l'égal des faveurs de la Cour ; » et il ajoutait : « Je suis intraitable pour les exemptions, elles seraient des crimes ; comment charger sa conscience d'avoir fait tuer l'un au profit de l'autre? Je ne sais même si j'exempterais mon fils ! » (1).

Voici comment Napoléon Ier estimait qu'il fallait organiser la France pour parer à d'inévitables éventualités, contre lesquelles les armées épiques resteraient impuissantes.

Il se proposait de constituer une armée de 1,200,000 hommes. De son temps, ce chiffre de combattants lui semblait déjà nécessaire. Ces 1,200,000 hommes seraient répartis en 600,000 hommes pour l'armée de ligne ; 400,000 pour l'armée de réserve ; 200,000 pour l'armée de l'intérieur (ou territoriale). Les

(1) Œuvres militaires de Napoléon III (Paris 1856, in-8°) *De l'Organisation militaire en France.*

400,000 hommes de l'armée de réserve n'eussent existé que sur le papier; mais ils auraient été soumis à une revue tous les trois mois, pour certifier leur existence, et rectifier les signalements. Les 200,000 hommes de l'armée de l'intérieur, destinés à la défense des côtes et places fortes, n'auraient eu que les officiers d'existants; les sous-officiers et soldats n'eussent été réunis que le dimanche, au chef-lieu de leur commune.

Voici comment Napoléon eût recruté et exercé son armée (1).

Un million d'âmes fournit tous les ans 7 à 8,000 concrits. La moitié est nécessaire pour les besoins de l'administration, de l'église et des arts. Une levée de 3,500 hommes par an, en dix ans, donnerait 30,000 hommes, en tenant compte des décès, soit: 15,000 pour l'armée de ligne et 15,000 pour l'armée de réserve. — Sur les 15,000 hommes de l'armée de ligne, on en tiendrait 6,000 sous les armes *pendant douze mois*, 4,000 pendant trois mois, et 5,000 pendant quinze jours. Les 15,000 hommes de l'armée de réserve ne seraient en rien distraits de leurs travaux, ni éloignés de leurs foyers.

Ce qu'il importe de retenir de cette ébauche d'une organisation de nation armée, qui, dans la pratique,

(1) *Commentaires de Napoléon Ier* (Imprimerie Impériale, 1867). — Dix-sept notes sur l'ouvrage intitulé : *Considérations sur l'art de la guerre*, par le Baron Rogniat, lieutenant-général (1816).

aurait évidemment subi quelques modifications, c'est que, dans l'esprit de Napoléon Ier, le *nombre des combattants devenait un élément bien plus important qu'une longue éducation du soldat*. Le jour où Napoléon se fût aperçu, s'il avait vécu assez longtemps, que la force numérique obtenue ne suffisait même plus, et que l'ennemi instruisait uniformément des soldats de plus en plus nombreux, nul doute que, restant dans l'esprit de son système, il n'eût supprimé ces exemptions pour lesquelles il se déclarait intraitable, quand il y allait du salut général ; nul doute qu'il n'eût rendu uniformes le temps du service et l'instruction de ses soldats. En ce qui concerne le clergé, il n'eût pas été difficile de vaincre ses résistances et ses objections. On aurait créé des régiments spéciaux pour lui, et les jeunes séminaristes, n'ayant plus rien à redouter pour leur vocation, se seraient fait un devoir de dissiper les soupçons injurieux que fait naître, dans le peuple, leur répugnance mal comprise pour le service de la patrie.

Napoléon Ier n'ayant pas survécu, c'est naturellement chez ses disciples qu'il faut rechercher comment l'esprit de sa doctrine militaire s'est appliqué aux circonstances survenues depuis son époque. Il a eu des disciples en France et en Allemagne. (C'est de l'Allemagne que les autres puissances tiennent cette doctrine.)

En France, Napoléon III a émis l'opinion que la force des États se mesure au nombre de leurs régiments. Tant qu'il fut vigoureux et libre, et, surtout, tant qu'il ne fût pas réduit à placer l'intérêt de sa dynastie avant celui de la France, il songea à réorganiser l'armée française selon la pensée de Napoléon Ier. L'imprudente guerre de 1870 ne saurait prévaloir aux yeux des esprits sérieux contre ses idées en matière d'organisation militaire. Car, s'il tenta la fortune avec une armée dont il était peut-être le seul homme en France à connaître l'insuffisance et l'inaptitude à la guerre moderne, c'est par une étrange faiblesse, et sous la pression d'une situation politique fort compromise. En homme superstitieux qu'il était, il caressa peut-être l'espoir qu'un hasard heureux procurerait, une fois encore, aux armées démodées, un dernier triomphe sur les nations armées, et suspendrait hâtivement les hostilités. Mais il ne s'est jamais fait illusion sur son armée. Il a pris soin, d'ailleurs, de répondre d'avance à ceux qui pourraient lui reprocher une contradiction entre ses opinions de citoyen sur l'intérêt de la France et la négligence égoïste qu'il a montrée une fois au pouvoir. Voici cette très curieuse réponse :

« Si la loi sur l'organisation militaire a été présentée aux grands corps de l'État, ce n'est pas parce que le Gouvernenement craignait une guerre immédiate, mais parce qu'il avait senti, par l'expérience des campagnes de Crimée et d'Italie, que nos forces militaires n'étaient pas à la hauteur d'un grand pays comme la France. Les événements qui se sont passés depuis, en Allemagne (1866), sont venus confirmer cette opinion ; *mais ils ont été plutôt une occasion que la cause de la présentation de la loi. Car, il faut bien le dire, sans cet éclatant avertissement, il est douteux que l'opinion publique eût admis une loi dont ceux-là seuls qui sont responsables de la sécurité et de l'honneur du pays, comprennent la nécessité et l'importance* (1).

L'établissement de la nation armée était donc dans les desseins de Napoléon III ; et, sa dynastie une fois implantée au pouvoir à l'aide d'une armée de vétérans dévoués, il estimait que la besogne de ces derniers étant terminée, il fallait faire face à l'ennemi du dehors, et il songeait à trouver une occasion de surmonter l'apathie égoïste de ses sujets.

Les disciples allemands de Napoléon Ier ont eu l'avantage de pouvoir mûrir longuement l'application et le développement de sa doctrine. Napoléon III avait parfaitement conscience qu'il était devancé par eux. Il a toujours fort bien compris leur génie militaire dont personne n'était, si je puis ainsi m'exprimer, plus imbu que lui ; et l'on peut dire que sa défaite est la justification la plus éclatante de ses opinions intimes sur les questions militaires.

Il écrivait : « Un des généraux qui contribuèrent le plus à l'organisation militaire de la Prusse exprima un jour cette pensée que, dans un état bien organisé, on ne devait pas savoir où commence le soldat, et où

(1) Œuvres de Napoléon III. — Exposé succinct de la Loi sur le recrutement de l'armée.

finit le citoyen. Ces paroles dépeignent la philosophie d'un système qui sera infailliblement adopté par toutes les puissances du continent, parce qu'il répond aux nouvelles exigences des peuples de l'Europe... Il ne suffit plus, maintenant, qu'une nation ait... quelques milliers de condottieri et de mercenaires, pour maintenir son rang et son indépendance ; il lui faut des millions d'hommes armés ; car lorsque la guerre éclate, ce sont des peuples entiers qui s'entre-choquent... C'est à quoi l'Empereur avait songé souvent, lorsqu'il luttait avec l'Europe. C'est ce que la Prusse a exécuté. . . . . »

(*De l'organisation militaire en France.*)— « En 1702, il y avait un peuple, en Europe, qui ne vivait que de sa réputation militaire... Confiant dans le prestige du passé, il se lança orgueilleusement dans les combats ; mais dès les premières marches, quelques bataillons français le mirent en déroute... Mais les Prussiens surent profiter de leurs revers... Ils établirent chez eux la plus belle organisation militaire qui ait jamais existé parmi les nations civilisées.

Eh bien ! nous aussi, nous vivons sur notre gloire passée... Mais le terrible exemple de Waterloo ne nous a pas profité, nous sommes sans défense !... Profitons donc de nos propres malheurs, et des exemples des peuples étrangers... Un des plus graves reproches qu'on puisse adresser au gouvernement (de Louis Philippe), reproche qui, tous les jours, si nous avions une opposition vraiment nationale, devrait retentir à ses oreilles, c'est de n'avoir pas pro-

10.

fité des douze dernières années de paix, pour organiser militairement le pays, de façon que la France n'ait jamais à craindre une invasion. » — (*Progrès du Pas-de-Calais*, 20 avril 1843).

Toutes ces considérations sont aussi justes aujourd'hui qu'il y a quarante ans. Ce pays semble voué perpétuellement à l'erreur. Napoléon III a fait comme Louis-Philippe; la République fait comme Napoléon III. Mais les adversaires de la nation armée sont bien plus coupables que Napoléon III : car ils sont maîtres de la situation, car le pays réclame lui-même une réforme, car Sedan est venu répéter l'avertissement de Waterloo!

Le système que Napoléon III désirait appliquer en France est, à peu de choses près, le système prussien qu'il regardait comme parfait.

« Ce système (prussien) offre des avantages immenses, qui font disparaître tous les défauts de détail qu'on peut lui trouver; car, nous le répétons, il ne s'agit pas de savoir si les soldats qui ont passé trois ans sous les drapeaux sont aussi rompus au métier des armes que ceux qui y sont demeurés huit ans, mais de trouver une organisation qui, au jour du danger, donne des milliers d'hommes exercés, et qui, pendant la paix, ne soit pas une forte charge pour le budget, et enlève peu de jeunes gens à l'agriculture. » (*Progrès du Pas-de-Calais,* 5 mai 1843.) — « Même quand tous ces avantages ne seraient pas consacrés par ce projet, nous dirions encore qu'il faudrait l'adopter, ou en adopter un équivalent, par la seule et unique raison qu'organisée de la sorte, la France serait à l'abri de toute invasion, qu'elle pourrait défier l'univers, et répéter avec plus de justesse ce mot des fiers Gaulois : « si le ciel venait à tomber, nous le soutiendrons sur le fer de nos lances. » (*œuvres militaires.*) — « Le système prussien résout donc le problème et matériellement et moralement : car, non seulement sous le rapport militaire cette organisation est avantageuse, mais encore sous le rapport philosophique, elle mérite d'être admirée, puisqu'elle détruit toute barrière entre le citoyen et le soldat, et qu'elle élève le sentiment de chaque homme, en lui faisant comprendre que la défense de la patrie est son premier devoir. » (*ibid.*) Grâce à ce système, dit-il ailleurs, « l'esprit militaire se répandrait dans toute la nation. » — « S'il y a en Europe un peuple capable de supporter une semblable organisation, c'est le peuple français; car l'institution prussienne est fondée sur l'égalité la plus complète, et même sur des principes démocratiques. Elle est tyrannique, sans doute, comme toutes les lois qui, adoptant de grands principes, soumettent tous les hommes aux mêmes charges, et obligent le riche comme le pauvre à payer sa dette à la patrie : mais cette tyrannie de la loi doit être l'apanage d'une société démocratique, car c'est là que gît la véritable égalité. » — Et, condamnant, sans s'en douter, son futur gouvernement, il ajoute que, seul, un gouvernement qui ne serait pas sûr de l'assentiment général, ne pourrait adopter dans la France démocratique « les institutions égalitaires qui, depuis trente ans, font la gloire de la Prusse monarchique. » — « L'organisation prussienne est donc la seule qui convienne à notre nature démocratique, à nos mœurs égalitaires, à notre situation politique, car elle se base sur *la justice, l'égalité, l'économie*, et a pour but non la conquête, mais l'indépendance. »

Dans son projet officiel de réorganisation de l'armée, Napoléon III n'a pas été très conséquent avec lui-même. Il demanda quatre ans de service, et plus tard, en 1867, cinq ans pour l'armée de ligne. Mais ce n'est point là, en réalité, une contradiction. Napoléon poursuivait nécessairement, lorsqu'il présenta ce projet, un double but : faire un grand pas vers la constitution de la nation armée, tout en ménageant une transition entre le système démodé et celui qui devait donner à la France une puissance militaire digne d'elle ; puis, conserver le plus longtemps possible à sa dynastie l'appui d'un noyau d'armée permanente. Sous la Restauration, le général Morand qui n'avait, lui, aucun souci dynastique, avait été plus logique avec les idées de Napoléon Ier : il en avait déduit tout naturellement le service de trois ans. Napoléon III, aux prises avec les difficultés de l'application du service universel, se fut promptement rangé aux idées du général Morand. Il croyait n'avoir besoin que d'une armée de 1.500.000 hommes. Le jour où ce chiffre fut devenu insuffisant, l'application rigoureuse du service universel se fût imposée. D'où la nécessité de réduire le service à une durée telle que toute la jeunesse valide pût être uniformément exercée, sans augmentation de dépense, et d'adopter franchement le système de la nation armée, où l'éducation militaire se résout dans l'uniformité de l'entraînement et dans la discipline intellectuelle qui en résulte, où le temps de service ne se calcule plus par année (ce qui est le plus faux des calculs), mais par le temps effectif d'exercice.

Les Allemands, seuls, ont eu assez de sens pratique et assez de caractère pour se soumettre avec persévérance au régime de la nation armée. C'est ainsi qu'ils sont devenus la première puissance militaire de l'Europe, et qu'ils arrivent à une prospérité durable et toujours croissante. Les imiter, ce ne serait donc pas livrer l'armée à la démagogie, ce serait revenir à des idées d'origine française, qui font merveille, même à l'étranger.

Ces idées qui effraient trop leurs adversaires, et pas assez leurs partisans, ne manquent pas d'amis dans les hautes sphères de l'armée, d'amis capables d'en tirer parti aussi bien que les Allemands. Mais les hommes qui ont accaparé les questions militaires se gardent bien de les consulter. Ce ne sont pas des conseils, mais des approbateurs qu'ils cherchent dans l'armée.

Les généraux qui auraient pris volontiers la tête d'un mouvement rénovateur sont donc réduits au silence et à l'inaction. Ils doivent vivre, d'ailleurs, dans une double inquiétude : ils doivent autant redouter une métamorphose subite de l'armée, sans mesures préparatoires, au cas où les radicaux deviendraient les arbitres de la question militaire, que s'effrayer de voir l'armée croupir dans le désordre, l'erreur et la médiocrité.

Mais, je suppose qu'on ait laissé faire l'un d'eux. Son premier soin eût été de commencer l'apprentissage intellectuel et moral des officiers en vue du rôle qu'ils sont appelés à exercer dans une armée de service universel réduit. Puis, il eût organisé de puissants cadres de sous-officiers, en offrant aux rengagés de sérieux avantages honorifiques, et, dans la vie civile, une position réellement assurée. Enfin, au fur et à mesure que les cadres seraient devenus puissants et seraient entrés dans l'esprit du nouveau système, il aurait réduit d'année en année le temps de service au strict nécessaire, par des renvois anticipés dans les foyers, tout en élevant le chiffre des contingents appelés.

Ce général aurait pu alors affronter la coalition de la routine, des préjugés et de l'égoïsme, ennemis naturels de la nation armée. Il n'aurait pas eu de peine à débusquer cette coalition du fameux prétexte de l'intérêt de l'armée, derrière lequel elle abrite ses inavouables sentiments. Ce général aurait tourné l'ennemi.

« Messieurs, dirait-il au Parlement, je vous demande simplement de sanctionner et de régulariser, par une loi, un régime militaire qui a déjà commencé à fonctionner.

« La situation provisoire où se trouvait notre puissance militaire l'empêchait de se développer et d'acquérir cette consistance et cette unité dont elle a besoin pour garantir véritablement la sécurité nationale. Vous n'osiez modifier brusquement cette situation, craignant de bouleverser l'armée et de tomber d'un mal dans un pire.

« Désormais, cette crainte est dénuée de fondement. Rien ne s'oppose plus à ce que notre armée soit réorganisée ; et vous n'avez plus à envisager que la nécessité de la mettre au niveau des armées européennes qui sont menaçantes pour la France. Si vous n'obéissez pas à cette nécessité, notre armée n'a plus de raison d'être : autant vaut la licencier.

« Il ne faut plus songer à revenir aujourd'hui aux armées de soldats de profession. Waterloo, Sedan, nous ont averti que la contre-invasion doit être organisée sur le même pied que l'invasion. Les Napoléon ont compris cette vérité ; tous les états-majors sérieux de l'Europe l'ont mise à profit. Quand l'intérêt de la puissance nationale est en jeu, ceux qui ont le devoir de créer un ordre de choses nouveau ont un choix à faire parmi les exemples et les conseils des grands capitaines dont ils s'inspirent. Ces exemples et ces maximes n'ont de valeur qu'autant qu'ils se rapportent à des circonstances ayant la plus grande analogie possible avec celles en vue desquelles on se prépare. En dehors de l'observation intelligente de cette règle, il n'y a que sophisme, erreur ou mauvaise foi. Laissons donc

Marathon et Valmy de côté; ne nous occupons pas de l'Alexandre des siècles à venir. Il ne s'agit que de demain, et demain ressemblera beaucoup à hier. — Qui se flatterait, d'ailleurs, de pouvoir recruter dans la société actuelle une armée de soldats de profession aussi forte que celle de l'Empire, qui pourtant s'est brisée contre l'invasion? — Il faut donc adopter résolument le système de la nation armée. Je crois avoir fait mon devoir de chef de l'armée française, en la préparant à cette transformation dont elle a tant besoin.

« Quels motifs auriez-vous de vous opposer à cette transformation, surtout si vous considérez que jamais démocratie n'eût une aussi belle occasion de mettre ses principes d'accord avec les nécessités les plus impérieuses de la défense nationale?

On objecte qu'une démocratie doit redouter bien plus qu'une monarchie l'égalité, qui ruine la discipline. En Allemagne « chacun garde, dans la nation armée, le rang qu'il avait dans la nation (1). » Et l'on en conclut que, seule, la démocratie doit s'abstenir d'avoir une armée démocratique. Mais c'est une tout autre conclusion que j'en tire.

« Les Allemands font observer que « si, en Allemagne, le corps des officiers se recrute actuellement *encore* dans l'aristocratie de la nation, il faut entendre par là l'aristocratie des gens instruits, la classe dirigeante en politique et dans les rapports so-

(1) L'Armée et la Démocratie.
(2) La Nation armée. — Von der Goltz.

ciaux » (2). Au beau temps de la Monarchie il en était de même en France, où les hommes de la plus basse origine pouvaient devenir maréchaux de France, comme Catinat, Fabert et Vauban. Mais, si aujourd'hui, vous, classe dirigeante et instruite, si vous, vos amis et les vôtres, vous vivez dans l'horreur des devoirs militaires, la démocratie est-elle responsable de votre inaptitude, et doit elle l'expier? Je ne l'admets pas: et voici comment je propose de remédier aux inconvénients de l'égalité. Puisque vous refusez à l'armée le concours des supériorités intellectuelles de votre classe, il ne reste plus qu'à créer une sorte de clergé militaire, un corps d'officiers très instruits, très compétents, assez supérieurs dans leur spécialité pour que l'ascendant de cette supériorité s'impose à la jeunesse. Ce n'est pas seulement d'une réforme militaire, c'est d'une réforme sociale que dépend le salut de la puissance française.

« Cette réforme est commencée. Envoyez la jeunesse entière au régiment. Elle y trouvera, dès maintenant, des maîtres d'esprit militaire, des professeurs d'honneur et d'abnégation, des initiateurs irréprochables à l'art de défendre la Patrie. Cette aristocratie est fondée; elle est ouverte à tous; et les nobles qui ont des mérites militaires y seront accueillis comme les roturiers l'étaient dans les armées de Louis XIV.

« Dans une armée ainsi constituée, l'égalité politique cesse d'être un dissolvant pour la discipline; car la discipline n'est plus fondée sur des inégalités politiques variables et repoussées par la conscience de la majorité des Français, mais sur une réelle supériorité morale et professionnelle devant laquelle tout Français s'inclinera de très bon cœur.

« L'égalité politique n'est pas davantage nuisible à la valeur guerrière des troupes d'une armée de service universel. Comment tout un peuple armé pour sa légitime défense se montrerait-il moins résolu qu'une petite armée luttant pour les intérêts d'une population égoïste, moyennant une solde dérisoire?

« Voici, au surplus, l'opinion de Napoléon Ier sur les ressorts de la valeur guerrière des troupes. « Les Grecs au service du Grand Roi n'étaient pas passionnés pour sa cause. Les Suisses au service de la France, de l'Espagne, des princes d'Italie, n'étaient pas passionnés pour leur cause. Les troupes du Grand Frédéric, composées en grande partie d'étrangers, n'étaient pas passionnées pour sa cause. *Un bon général, de bons cadres, une bonne organisation, une bonne instruction, une bonne et sévère discipline font de bonnes troupes, indépendamment de la cause pour laquelle elles se battent. Il est cependant vrai que le fanatisme, l'amour de la patrie, la gloire nationale peuvent inspirer de jeunes troupes avec avantage.* »

« Dès que vous le voudrez, nous aurons de bons chefs, une bonne organisation et des soldats uniformément instruits en quantité suffisante.

Quant aux mobiles qui peuvent inspirer les troupes françaises, un seul a sur elles aujourd'hui une influence réelle, un seul a l'avantage essentiel de convenir à une armée de service universel. Ce sentiment, le seul qui soit vivant dans les âmes, et puisse sérieusement seconder la valeur et la discipline des Français armés, c'est l'amour de la patrie. Les autres sentiments qui pourraient inspirer des petites armées de soldats de profession, la foi, le fanatisme, la fidélité à une dynastie, ont disparu. Une telle armée serait introuvable, précisément parce que de tels sentiments n'existent plus (1). Renoncez donc à nous refuser la seule organisation compatible avec nos besoins et nos mœurs, de peur de perdre des avantages qui n'ont plus leur raison d'être, et dont nous n'avons pas besoin.

« Quel refuge resterait-il, d'ailleurs, à votre opposition? Ne voyez-vous pas combien est puérile cette théorie qui tend à établir que les soldats d'une petite armée sont nécessairement des héros, sont nécessairement vainqueurs? A Sarrebruck, le lieutenant colonel allemand Pestel avec l'effectif d'un régiment tint héroïquement en respect pendant tout un jour le corps de Frossard. En août 1870, sous Metz, soixante mille Allemands, sous les ordres de Frédéric-Charles, tinrent tête à cent vingt mille Français. Une seule chose est certaine, c'est qu'une nation armée ne peut se passer d'organisation, et que la bonne organisation est la garantie essentielle contre l'invasion.

« Comptez-vous sur les exploits d'un grand capitaine? Mais, si ce grand capitaine existe, la prochaine

(1) Quand à l'appât de la solde, dans une société commerçante et industrielle, il n'en faut même pas parler.

guerre lui permettra seule de se révéler. Et c'est peu favoriser l'apparition d'un nouvel Alexandre que d'éloigner de l'armée les huit dixièmes de la jeunesse, et toute la jeunesse instruite.

« Allez-vous vous rabattre sur ces légendes du temps passé qui consolent de la défaite, mais qui n'assurent plus la victoire, plutôt que d'imposer aux jeunes Français la légère obligation de quelques mois de service? Allez-vous sacrifier au passé le présent et l'avenir? Voulez-vous que la France, au lieu de compter virilement sur elle-même, mette piteusement tout son espoir dans l'incurie et la pusillanimité d'ennemis notoirement résolus, braves et bien organisés?

« La France est capable de porter l'armure qui sied à sa taille, et, dès le lendemain de ses revers, elle a cherché spontanément à la revêtir. Cessez donc de vous arc-bouter opiniâtrement contre ce généreux effort. Pourquoi vous refuseriez-vous plus longtemps à l'expérience d'un régime conforme aux vœux du pays, aux leçons de l'histoire, aux maximes des militaires les plus compétents? Redoutez-vous donc le succès d'une telle expérience? — Pourquoi éloignez-vous obstinément des lèvres de vos enfants la coupe amère, mais bienfaisante, des devoirs patriotiques? — Pourquoi nous dites--vous, au mépris de la vérité: la France compte sur sa bonne étoile. Plus d'invasions à craindre, plus de combats, plus de bombardements, plus de mutilation de la patrie, plus de rançon! Si vous avez besoin d'hommes pour monter la garde, prenez des mercenaires, prenez la lie du peuple, prenez des trognes armées! Les descendants des fiers Gaulois n'ont plus ni le temps, ni le goût, ni le courage, de préserver le sol natal des incursions de l'ennemi! Ils ne savent plus, ils ne peuvent plus être que des cuistres énervés, efféminés et couards...? »

Vous demandez pourquoi, brave général, bon français de tête et de cœur? je vais vous le dire; je vais vous montrer dans quelle fange d'égoïsme, de lâcheté et de dégradation morale plonge le préjugé que vous voulez arracher de ces âmes décadentes.

Quand un grand peuple qui vient d'être lésé et humilié se trouve, par surcroît, menacé de nouvelles infortunes, on juge de son patriotisme d'après l'idée qu'il se fait du rôle de l'armée et des obligations militaires de chaque citoyen.

Depuis 1807, l'Allemagne, renonçant aux méthodes illustrées par ses glorieux capitaines, mais devenues impropres aux guerres modernes, marche de progrès en progrès, s'imposant virilement tous les sacrifices, fortifiant chaque jour sa prépondérance militaire. La France, encore au lendemain de ses désastres, toujours à la veille d'une catastrophe suprême, n'a pas encore une organisation militaire définitive. Elle s'est amusée à inscrire le service universel en tête de sa législation militaire, mais elle n'astreint au service qu'un tiers à peine de la jeunesse. En Allemagne, tout homme valide est soldat de 17 à 42 ans. En Autriche, tout citoyen de 19 à 42 ans va être à la disposition du ministre de la guerre. La France, vaincue et stérile en jeunes hommes valides, ne demande le service à ses enfants que de 20 à 40 ans. Si un gouvernement osait parler d'un service plus prolongé, il s'exposerait à être renversé par quelque élu des *mastroquets* de Paris.

Le maréchal Le Bœuf, présentant un projet de loi pour les engagements volontaires pendant la durée de la guerre de 1870, prononça un jour ces mots profonds : « Beaucoup de jeunes gens, en France, qui aiment la poudre, n'aiment pas la caserne ! » — Le préjugé français tient dans ces quelques mots. Le Français a peur de la caserne. Le service en temps de paix est une servitude humiliante dont l'idée lui répugne et dont il se refuse à reconnaître la nécessité. Ne cherchez pas ailleurs le secret de ces réquisitoires passionnés qui se sont dressés contre le service obligatoire et égal pour tous.

Jusqu'à 1870, la bonne fortune assez injuste des petites armées permanentes préserva les Français de manifester un sentiment dont ils n'avaient peut-être pas conscience. Mais alors, la haute opinion qu'ils avaient d'une armée luttant pour eux et à la gloire de laquelle ils participaient sans quitter le rivage, reçut le démenti le plus humiliant. Les uns, de la catégorie des sourds qui ne veulent pas entendre, calmèrent la blessure de la vanité nationale en la mettant sur le compte de la Fortune que son inconstance ramènerait bientôt à de meilleures dispositions. Les autres bannirent de leurs cœurs désabusés les soucis patriotiques. La France n'avait que faire d'être une grande puissance; qu'elle cessât d'être menaçante, et personne ne songerait à la menacer. Il n'y a pas d'esprit militaire hors des petites armées de soudards; et puisque les petites armées de soudards sont méthodiquement vaincues, il n'y a qu'à renoncer à toute pensée de force militaire, et à ne pas s'embarrasser des mœurs viriles et fatigantes de la nation armée.

Tout le monde était d'accord, au fond. Du moment que quelques milliers de pauvres diables ne se chargeaient plus de l'honneur et de la gloire nationale, personne ne s'en souciait plus. Quant à la sécurité, il n'y avait qu'à enfouir sa tête dans le sable, et à la grâce de Dieu !

Ne croyez pas que j'invente ces sentiments : ils ont été formellement exprimés en France et le public les a accueillis avec une faveur qui emporte son adhésion. Les vrais patriotes ont dû pleurer dans le secret de leur âme en voyant le succès de théories plus déshonorantes et plus ruineuses que cent batailles perdues.

Rien n'a été écrit de plus habile, de plus pressant, de plus désespéré en faveur du préjugé français, rien n'en a révélé plus cyniquement le principe honteux, qu'un travail publié en 1885, dans la *Revue des Deux-Mondes* sous ce titre : L'Armée et la Démocratie. Toute l'intarissable dialectique de l'auteur plaidant pour une jeunesse qui tremble et se dérobe à la seule pensée que sa patrie vaincue va lui demander de se montrer aussi virile que la jeunesse de la patrie victorieuse, aboutit à cet aveu irrésistible : *La gloire, c'est le sang des autres!*

L'argumentation de l'auteur est pitoyable. Elle ne parvient jamais à dissimuler qu'il ne plaide que pour des bourgeois égoïstes, pour des poltrons, pour des lâches; et l'auteur mériterait qu'on lui répondit que des citoyens qui se laissent ainsi défendre sont décidément indignes de servir leur patrie. Mais il ne faut pas faire à cet avocat une telle concession, car il l'accepterait.

Cet auteur procède par affirmations. Il met hors de discussion les points sur lesquels doit précisément porter l'enquête, les assertions essentiellement sujettes à controverses ; il en fait ses prémisses, et il en tire, avec désinvolture, de vaines conclusions. En un mot, son travail repose sur une pétition de principes.

En toute circonstance et de toute façon, la meilleure armée est celle qui est composée de soldats ayant servi longtemps dans les casernes : voilà le principe qu'il ne met pas en doute. Il peut citer, il est vrai, à l'appui de son opinion les brillantes campagnes de la guerre d'Italie, et invoquer la compétence de M. J. Simon et le sentiment de M. Canrobert. Cependant, il semble que l'opinion de Napoléon Ier, que celle du maréchal de Moltke, celle du grand état major allemand si nettement exprimée par le major Von der Goltz, et que le résultat de certaines guerres récentes ne permettent pas de placer une telle prémisse hors de discussion. Tel n'est pas l'avis de notre auteur.

« Pas plus avec le service de cinq ans qu'avec celui de trois, nous dit-il, l'armée ne devient pour les hommes une *carrière.* » Il ne s'informe point si l'on n'a pas eu quelques raisons de poursuivre un but tout différent, et il réclame le service de huit ans. « La société laisse libres ou favorise toutes *les carrières*, une seule exceptée, celle de soldat, et, par la misère dont elle l'entoure, elle l'étouffe. » Notez, je vous prie, que cette proposition équivoque contient une inexactitude. Si par soldats, l'auteur entend les officiers et sous-officiers, il induit le lecteur en erreur. La situation des officiers et des sous-officiers n'est certainement pas ce qu'elle devrait être ; mais, il faut le reconnaître, elle a été améliorée dans ces derniers temps. Quant aux soldats, pourquoi l'auteur feint-il d'ignorer que, dans l'état actuel de la civilisation, leur service n'est plus une *carrière* ? Que l'Etat n'a plus à considérer et à traiter comme une carrière ce qui est une *école*, et une *prestation en nature* pour la sécurité de la patrie ?

Parti dans cette fausse direction, l'auteur bat la campagne à coté de la question. Il ne s'aperçoit pas que le plus grand travers de la nouvelle armée serait de ressembler à sa devancière, attendu qu'elle a pour raison d'être de jouer un rôle différent. « Le soldat qui croyait à la dignité de sa profession... *et couronnait ses vertus militaires par quelque dédain des vertus civiles* » n'a plus à se considérer que comme un Français qui s'exerce à défendre la France, ce qui n'a rien de dégradant. — « L'obéissance est partout, nulle part le goût d'obéir. » Eh bien, où le mal? Si l'obéissance est partout, cela suffit, cela est magnifique. L'obéissance est le moyen, elle n'est pas le but. Si la sécurité nationale pouvait être garantie par un engin mécanique, proposeriez-vous à la nation de dépenser tous les ans six cent millions en l'honneur *du goût d'obéir?* Rien de plus noble que l'obéissance réfléchie, cultivée et pratiquée comme un devoir patriotique : rien de plus laid et de plus affligeant pour la dignité humaine que le *goût d'obéir.*

« Sans doute, poursuit notre auteur, c'est pour défendre l'existence même du pays, que le service universel a été créé, après Iéna, par la Prusse, adopté par la France après Metz et Sedan. Mais ces luttes suprêmes ne sont pas les seules qui agitent le monde ; celles où il s'agit non d'existence, mais d'ambition, d'intérêt, de dignité, de représailles sont plus fréquentes.... » Eh! ne voyez-vous pas qu'il ne s'agit pour la France, en ce moment, que d'existence, et que c'est pour ce pays un grand bonheur que la démocratie triomphante ait fermé provisoirement l'ère des luttes d'ambition et de représailles? Il s'agit d'existence, entendez-le bien, et pas d'autre chose. L'existence assurée, le reste ira tout seul. La France n'a rien à redouter pour sa dignité d'une organisation militaire qui, capable de lui garantir la vie, la dispense des guerres téméraires où elle se verrait maîtrisée par les nations armées voisines instituées précisément dans ce dessein. Où avez-vous pris, au surplus, que le service universel ne puisse se prêter à une guerre de conquête légitime et nécessaire? La nation armée allemande a pris l'Alsace et la Lorraine. Pourquoi la nation française armée ne pourrait-elle les reprendre un jour?

Et la protection de nos possessions lointaines, objecte l'auteur? — La législation militaire d'une puissance coloniale doit pourvoir à la protection des colonies. Les difficultés matérielles de cette protection sont l'affaire du législateur et du ministre de la guerre. Mais, en bonne conscience, peut-on tirer un argument sérieux de ces difficultés et de l'incapacité de ceux qui sont chargés de les résoudre contre une organisation qui est l'unique salut de la Patrie même?

L'auteur, ayant posé en axiome qu'une petite armée de vieux soldats est infailliblement héroïque, n'est pas embarrassé de déclarer qu'une armée de service universel est nécessairement lâche et inconsistante. En 1870, les faits ont maintes fois contredit une assertion si hasardée. Mais, dit l'auteur, « le jour où un général osera, etc., etc., ce jour-là, dans ces foules où la souffrance, la panique, la lâcheté se multiplieront par les masses, les défaites seront à la taille des armées. » Chacun étant libre de vaguer dans le domaine de l'hypothèse, il n'est pas possible de ramener l'auteur à la réalité. Les hommes pratiques, soucieux de voir la France organiser l'armée dont elle aura besoin demain peut-être, après demain certainement, interdisent à leur fantaisie l'accès d'une aussi grave matière.

Mais l'auteur de l'*Armée et la Démocratie*, emporté par son zèle imprudent, va nous laisser voir bientôt pour quelle paroisse il prêche.

« Les législateurs militaires résolus à imposer à tous un service de même durée avaient besoin de croire que le soldat se forme vite. Ils ont justifié par une théorie militaire une conception politique. » Qu'en savez-vous? Vous n'avez même pas examiné la valeur de cette théorie militaire. Avec une légèreté inconcevable, vous avez déclaré fausse, *a priori*, une idée qui se recommande des autorités et des exemples les plus inattaquables, tout en prétendant imposer une conception dont les partisans sont fort suspects. Vous vous hâtez trop de rejeter sur vos contradicteurs un blâme que, tout froidement considéré, vous méritez plus qu'eux. Sincères ou non, ils sont dans l'orthodoxie militaire actuelle de l'Europe; tandis que vous vous en éloignez pour des motifs étrangers au patriotisme.

Ce n'est pas dans l'intérêt du bien militaire de votre pays que vous dites : « Donner à toutes les troupes une valeur égale est un faux calcul. Elles présentent une qualité homogène et elles sont destinées à des épreuves inégales. » Le plaisant sophisme, que les victoires allemandes ont d'ailleurs réfuté! Certes, les épreuves futures offriront des inégalités. Mais le jour de l'invasion, serez-vous en mesure de proportionner à l'avance, dans toutes les occasions, la vigueur de vos adversaires au degré d'instruction des troupes que vous aurez à leur opposer? Si vous ne poursuiviez pas le dessein de faire exempter du service les enfants de vos amis politiques, vous ne pourriez vous refuser à comprendre que le seul moyen d'opposer à l'invasion une contre-invasion efficace, sans rien livrer au hasard, c'est d'exiger de tous les jeunes Français (ils ne seront pas de trop !) une préparation uniforme, une préparation suffisante, et non une préparation superflue de quelques-uns, et insuffisante de tous les autres.

Mais tous ces raisonnements ne sont qu'un misérable plaidoyer pour ceux qui veulent être affranchis de cette préparation. Et c'est pour justifier ces réfractaires honteux, qu'on ose vanter une théorie militaire qui a fait perdre à la France des milliards et des provinces, et que toute l'Europe a abandonnée. — « Quand les anciens voulaient exprimer le dernier terme de la misère pour une cité vaincue, ils disaient : La jeunesse fut emmenée en esclavage. Cet esclavage (c'est du service de la patrie et non du service de l'ennemi de la patrie qu'il s'agit : on pourrait aisément s'y tromper), ordonné par les prétendus serviteurs du peuple, va s'abattre durant trois années sur toute la jeunesse française... *Le jour où des citoyens ne craindront plus, dans toute complication politique, le danger d'un appel sous les drapeaux, mais verront toute prête à l'action une armée de soldats payés pour se battre, ils deviendront plus soucieux des intérêts du pays au dehors, moins rebelles aux entreprises avantageuses, bons gardiens d'un honneur qu'ils n'auront pas à défendre eux-mêmes. A proportion qu'ils seront plus sûrs de leur repos, ils seront plus sensibles au prestige militaire, plus fiers de l'armée, plus passionnés pour la gloire. La gloire est le sang des autres!* » Vous le voyez, je n'invente rien.

Il a une belle opinion de ses concitoyens, l'auteur de ces lignes! Mais, comme le public français a été bien loin de lui crier que ce qu'il a dit là « n'est pas français », il faut croire que ce peuple conserve dans un corps débilité, incapable de se préparer à une lutte de légitime défense, les passions haïssables qui l'ont porté jadis à mettre l'Europe à feu et à sang et qu'il a fini par expier si cruellement.

Que pensez-vous de ces choses, jeunesse allemande, brave et instruite entre toutes, immense chœur de soldats et d'étudiants? Vous emmène-t-on en esclavage, lorsqu'on vous confie l'uniforme glorieux de la patrie? Et quand, mettant sabre au clair, vous tournez vos regards ardents vers les Vosges, est-ce d'humiliation que vous frémissez? Votre patrie est en plein triomphe d'une gloire acquise par vos devanciers, et vous saurez virilement l'y maintenir. Mais, que vos devoirs vous seraient doux à remplir, si cette patrie humiliée, mutilée, était menacée par le voisinage d'un vainqueur arrogant et fort! Ayez donc confiance, vos ennemis tremblent comme des femmes à la seule pensée d'endosser l'uniforme de la France. Voyez ces jeunes hommes couards et douillets : ceux qui ne peuvent se soustraire à toute obligation militaire, se bousculent pour envahir les corps de non-combattants (1), avec la complicité d'un recrutement qui réserve ses ridicules sévérités pour les conscrits exacts et honnêtes. Entendez-les, implorant le remplacement militaire et, dans leur affolement, invoquant la liberté et même l'égalité! « Le gain le plus précieux n'est pas celui de l'argent, mais celui de la liberté laissée aux citoyens... (2) » Le remplacement fera que les « jalousies démocratiques cesseront même d'être redoutables »... Le remplacement sera « un impôt payé par ceux qui ont à ceux qui n'ont pas... » Grâce aux compagnies d'assurances, les moins fortunés pourront d'ailleurs se faire exempter de leurs devoirs! — Ainsi, les casernes ouvertes à la lie de la nation seront fermées à tous les gens ayant un foyer et quelque bien en France. L'armée comptera sans doute « plus d'un soldat d'une moralité douteuse, mais il ne faut pas craindre pour elle l'influence de ces éléments morbides. » Elle ne doit craindre que l'influence des citoyens bien nés, instruits et capables de comprendre la noblesse des devoirs civiques. « *Comment, d'ailleurs, la rémunération d'un acte licite le transforme-*

(1) La meilleure troupe d'administration est celle qui se compose d'un petit nombre d'hommes actifs, zélés et très au courant d'un service très simplifié. En France, ce corps est encombré d'une cohue innombrable de jeunes gens ignorant les premiers éléments de ce service où ils ne se réfugient que par lâcheté. Dans cette prétendue patrie de la bravoure, le mépris qui ailleurs est pour les non-combattants, s'attache aux combattants. Cela est caractéristique.

(2) L'Armée et la Démocratie.

rait-elle en un acte immoral?» Voilà, jeunes Allemands, où en est, dans ce pays, l'aristocratie intellectuelle qui, partout ailleurs, prêche le désintéressement et combat l'égoïsme. Elle en arrive à se demander en quoi il est plus immoral de vendre son corps pour le service et l'agrément d'un particulier, que de sacrifier quelques mois de sa vie à l'intérêt de la patrie !

C'est en isolant l'armée dans la nation, en l'affectant à la protection d'un certain ordre politique, comme une police supérieure, comme un instrument de règne, qu'on a réduit le caractère de ce peuple à un tel degré d'abaissement. L'armée, recrutée et endoctrinée en vue de cette fausse destination, était devenue le rendez-vous des illettrés, et ses mœurs, ses aptitudes, sa tenue, se ressentaient du rôle peu militaire qu'on lui faisait jouer. La population étant exclue de la défense de la patrie, c'est cette armée peu saine qui accapara l'esprit militaire; et elle ne sembla s'en être réservé le monopole que pour le dénaturer et le ruiner. Il en est résulté que la population, ne connaissant que le faux esprit militaire et le méprisant à juste titre, ne conçoit plus le soldat que sous l'aspect du soudard ignorant et brutal. Le soldat, c'est de la chair à canon chargée de pourvoir au patriotisme de trois millions de Français jeunes et valides. Le soldat ne doit pas être éclairé; car alors, il se mettrait dans le commerce ou dans la politique. Un homme éclairé ou industrieux n'a besoin, de son côté, ni de virilité, ni d'esprit militaire. Les deux natures militaire et civile s'excluent, comme la bêtise et l'intelligence. Si la France songe à devenir robuste et redoutable, son niveau intellectuel baissera. Son génie artistique et littéraire, sa prospérité commerciale ne sauraient s'épanouir qu'au détriment de son caractère. Tel est l'absurde préjugé dont la France se meurt.

Loin d'organiser une croisade impitoyable contre cette pernicieuse hérésie, les conservateurs l'ont favorisée, dans un dessein politique. Chose triste à dire, ils ont eu des auxiliaires dévoués dans certaines régions du corps des officiers, où l'on soupire encore après les oisives et faciles vertus militaires de l'époque impériale, où l'on a reculé devant la mission de réveiller l'esprit militaire d'une nation énervée par vingt ans de prospérité bourgeoise. Malheur aux officiers qui faisaient mine de prendre cette mission pour un devoir ! (1) La presse réactionnaire, qui salit les gens dont elle parle, les accusait de trahison, ajoutant ainsi, aux méfaits habituels de la presse, l'excitation à la discorde et à l'indiscipline dans l'armée, à la grande joie de sa clientèle et au grand profit de sa caisse.

Quant aux démocrates, ils étaient eux-mêmes trop

(1) Un journaliste proposait un jour de « renvoyer dans un cabinet de lecture » ce général Lewal qui a obtenu dans le temps de si remarquables résultats en entraînant le 17e corps d'armée (*Figaro*, 5 avril 1883). Tout officier général convaincu de mérite professionnel a subi les injures de cette presse pour qui la vertu militaire consiste à sortir d'une jésuitière et à caracoler dans les concours hippiques.

imbus de préjugés sur l'armée pour savoir combattre l'hérésie comme il convenait. L'intérêt national avait beau exiger qu'on imprimât dans l'âme de la nouvelle génération des mœurs plus martiales, les gouvernements n'avaient souci que de cultiver son esprit au dépens de son caractère. Ils ont fait beaucoup pour l'instruction militaire de la jeunesse; mais les mesures qu'ils ont prises ont je ne sais quoi de factice et de superficiel, comme si l'on n'avait songé, en les prenant, qu'à céder à un engouement passager de la population. Au fond, ces démocrates n'ont jamais cessé de croire que restreindre le service et l'imposer à tous, c'est abaisser les citoyens qui jusque-là en étaient exempts. Et ils tremblaient pour l'esprit de la jeunesse et pour les carrières libérales : comme si l'envahissement des carrières libérales par des sujets sans vocation n'en était pas le véritable fléau, comme si le service universel n'était pas le seul préservatif efficace contre ce fléau!

Au lendemain de Sedan, le devoir de l'aristocratie intellectuelle de la France était de régénérer le peuple et de consolider le lien social si affaibli. Elle n'a point fait son devoir. Elle n'a pas compris, ou n'a pas voulu comprendre que l'obligation imposée à tous les jeunes hommes de payer à l'intérêt général une dette uniforme était le seul antidote capable de réagir contre la décomposition du corps social. C'est au régiment que la nouvelle génération aurait appris à valoir mieux que la précédente. Là, elle eût trempé son caractère dans une rude discipline. Du même coup, le régiment cessant d'être le rendez-vous des pauvres diables et des illettrés, toutes les préventions contre la vie militaire seraient tombées. Et quel bon exemple, quel encouragement pour les illettrés, que le spectacle de l'élite de la jeunesse rivalisant avec eux de bon vouloir, pour l'accomplissement en commun du plus élevé des devoirs civiques !

La France a, pour nous faire la guerre, l'armée qu'elle mérite : une armée doutant de ses chefs, de son organisation et de soi-même.

Il n'y a pas en France un homme de guerre d'une réputation militaire intacte, d'une compétence souveraine, d'un prestige indiscutable, qui puisse présider aux destinées de l'armée. Le chef suprême de l'armée, le Président de la République, n'est pas, ne peut même plus être un soldat. Les généraux de la République, si probes, si loyaux, expient les passions politiques de l'armée impériale, toujours assez vivaces pour tenir en éveil la méfiance populaire.

Les républicains n'ont pris aucune précaution pour mettre à l'abri des outrages de la presse la dignité de chef suprême de l'armée, dont le Président est investi (1). Le Président n'a d'ailleurs rien

(1) La presse s'est acharnée à déconsidérer cette dignité. « Le *Triboulet* » a ouvert un concours pour ridiculiser le Président de la République française, faisant appel même à la verve des étrangers. Un journal étranger a dû infliger une leçon de convenance à « ces gringalets ultramontains, à ces cuistres qui s'a-

fait pour entourer sa dignité d'un prestige qui rejaillirait sur l'armée.

Le Ministre de la Guerre est changé au moins une fois l'an. On a beau remontrer aux républicains que cela est funeste à l'armée, ils renversent quand même les ministres de la guerre sans rime ni raison. Quant aux autres ministres, les intérêts militaires du pays les laissent indifférents. Impossible d'obtenir d'eux l'application rigoureuse des dispositions de la loi militaire relatives aux anciens sous-officiers rengagés. Le 14 juillet 1885, le Président du Conseil et le Ministre de l'Intérieur tournaient le dos à la revue de l'armée de Paris, pour se rendre, dans un but électoral, à celle des bataillons scolaires.

Les chefs de corps d'armée sont certainement supérieurs aux militaires bornés et indisciplinés qui menèrent si pitoyablement la campagne de 1870. Mais on s'obstine à les écraser sous la réputation surfaite de ces derniers, et l'on diminue ainsi, dans l'esprit du soldat, la confiance que méritent des chefs modestes, mais sûrs.

Il ne manque point, parmi les officiers français, d'hommes de valeur, capables de comprendre que la France est perdue si son esprit guerrier n'est pas ressuscité par une armée ayant cessé d'être hostile à

dressent aux étrangers, pour tourner en ridicule le premier magistrat de leur pays. » Combien fut plus patriotique l'attitude des républicains espagnols, quand le roi d'Espagne fut insulté par une bande de chenapans derrière lesquels se cachait Rochefort !

la population. Délaissés par les pouvoirs publics, mis en quarantaine par leurs camarades, harcelés par la presse, ces hommes tressaillirent d'espérance quand arriva au pouvoir le patriote qui avait évoqué Chanzy. Comme eux, Gambetta sentait venir le péril, non du côté de ces aspirations belliqueuses qu'on lui a tant reprochées, mais du côté opposé. Il leur sembla digne de porter dans son cœur le cœur de l'armée. Mais de tels hommes ne conservent pas longtemps le pouvoir en France.

Actuellement, le corps des officiers français est généralement médiocre. L'esprit militaire y est tel, qu'il ne suffirait plus aux cadres d'une bonne armée de soldats de profession, et qu'à plus forte raison, il est bien au-dessous des exigences du système de la nation armée. Toutes les critiques émises en France ou à l'étranger sur cette situation, n'ont fait qu'irriter les officiers et que provoquer de violentes répliques.

Les critiques sont toujours mal reçues en France. Une société qui a peur d'avoir à se corriger n'aime pas qu'on lui répète qu'elle en a grand besoin. L'officier français pousse jusqu'à l'excès cette aversion pour la critique. Un supérieur qui critique son subordonné est même accusé de porter atteinte à l'esprit de corps ; car l'idée singulière qu'on se fait de l'esprit de corps, dans cette armée, contrarie et entrave la discipline dans la hiérarchie des officiers. L'esprit de corps, ainsi dénaturé, n'est plus que cet esprit de camaraderie qui, dans certaines circonstances, est une pierre d'achoppement à toute discipline. Les officiers français ne supportant pas entre eux les critiques, ne voient, dans celles qui leur viennent du dehors, que des traits d'hostilité. Ils sont impeccables, ils sont parfaits : ce qui explique pourquoi ils ne sauraient se contenter d'être perfectibles. Mais, quoi qu'ils en pensent, leurs meilleurs amis sont encore ceux qui souffrent de leur voir des travers qu'un peu de bonne volonté suffirait à corriger.

Ce n'est pas sans raison que l'on a mainte fois accusé ces officiers de se montrer aussi hostiles au gouvernement de la République qu'ils s'étaient montrés jadis favorables à l'Empire. Grâce aux Jésuites, grâce aux puissants amis dont ils disposent dans les hautes sphères de la hiérarchie militaire, les cadres de l'armée ont été inondés de réactionnaires. La cavalerie, en particulier, est infestée d'ennemis avérés des pouvoirs publics. Elle compte beaucoup de cavaliers élégants et prétentieux, mais peu de bons soldats. Aussi, est-elle la plus médiocre de l'Europe.

D'autre part, beaucoup d'officiers qui auraient été disposés à observer une attitude correcte vis-à-vis du gouvernement, se sont montrés hostiles aux réformes militaires qui figuraient dans les programmes républicains, ne voulant pas reconnaître que tout autre gouvernement sérieux eût accompli les mêmes réformes plus vite et plus radicalement que la République.

Mais, si beaucoup d'officiers ont eu le tort de se mêler de politique contre la République, ce gouvernement de son côté n'est nullement exempt de reproches. Il a eu la naïve impertinence de demander à des hommes d'honneur de changer d'opinion du jour au lendemain. Impossible de froisser plus grossièrement les susceptibilités déjà si endolories de l'armée vaincue. C'est à force de ménagements, de discrétion respectueuse, que l'on aurait pu amener les chefs de l'armée à accomplir, sans capitulation de conscience, une évolution digne et réfléchie vers la République. Augmenter la solde, faire des expéditions qui favorisent l'avancement et secouent la torpeur de la vie de garnisons, porter des toasts à une armée que l'on laisse outrager chaque jour par *La Lanterne* et le *Figaro*, cela ne suffit pas pour gagner la confiance des hommes les plus braves et les plus désintéressés de la nation. Si l'on avait su concéder à l'armée un domaine à part, en dehors des convulsions politiques, il n'eût pas été difficile de ramener impitoyablement dans ce domaine les officiers récalcitrants qui auraient voulu s'occuper de réparer les malheurs de 1870 en faisant de la politique. L'armée, soutenue et respectée par un gouvernement la laissant se vouer exclusivement à la sécurité nationale, aurait adhéré à la République sans répugnance, sans arrière-pensée, et, à la longue, en serait devenue le plus inébranlable soutien.

Reste à parler des troupes françaises. Les contingents, prélevés sur une population dont les aspirations ne sont rien moins que martiales, sont poursuivis par l'esprit bourgeois jusque sous les drapeaux. Des voix du dehors leur prêchent l'insubordination, le mépris du devoir et de l'uniforme. Tandis que leurs capitaines leur parlent d'honneur, d'abnégation, de courage, les journaux contre-minent cette éducation, en s'apitoyant sur le pauvre soldat que l'on envoie combattre sous le drapeau de la France, où il meurt lâchement assassiné, etc., etc... ou bien en se réjouissant d'un échec au drapeau français qui va permettre enfin de renverser un ministre. « Les gens de cette fête n'avaient donc pas de parents au Tonkin ! » écrivait un journaliste en racontant l'accueil enthousiaste fait à M. Ferry, pendant la période électorale, dans une localité moins pourrie que les autres. Les gens qui font profession de ronger ainsi un à un tous les muscles de leur patrie ne sont pas inquiétés en France : ils y sont plus libres et plus respectés que les autres. Voyez les promoteurs de la Commune sanglante, qui ont soulevé la population de Paris contre des troupes décimées par la guerre et la captivité : après avoir fait incendier Paris, après avoir ruiné tant de familles et fait massacrer les uns par les autres plus de trente mille Français, ils jouissent gaîment de la vie, se posent en victimes intéressantes, en justiciers même, et, protégés par leur infamie, sèment encore la haine dans ce pays. Voyez, avec eux, les partisans de ces Bonaparte qui ont mis l'Europe à feu et à sang, et dont les folies ont débilité irrémédiablement le tempérament national. Ce sont ces gens-là qui méprisent assez le peuple pour oser l'exciter à condamner un gouvernement, parce que quelques jeunes soldats sont morts glorieusement sous le drapeau de la France. Et ce peuple est assez avili pour se jeter avidement sur cet appât immonde ! En vérité, il est même oiseux de se demander quelle est l'organisation militaire qui lui convient. Ce qui lui convient, c'est de n'avoir aucune armée et d'être *razzié* comme une tribu malade par un voisin vigoureux.

Il faut cependant rendre justice aux troupiers français. Ils ont tout ce qu'il faut, sauf peut-être la santé, pour former la meilleure armée du monde. La moralité de ces troupes est excellente : bien des maisons d'éducation pour la jeunesse pourraient l'envier (1). Les soldats de cinq ans se résignent sans trop d'amertume à être dupes d'une législation hypocrite qui proclame le service universel et qui crée des exemptions et des privilèges au profit des deux tiers de la jeunesse. Les sentiments parasites que leur bon naturel apporte de la vie civile seraient très facilement éliminés par le régime militaire, si les

(1) Au siècle dernier, un lieutenant de police déclarait, dans un mémoire, que presque tous les soldats aux Gardes appartenaient à la pire classe des souteneurs de prostituées, et que beaucoup ne s'engageaient dans ce corps d'élite que pour y vivre de la sorte. (Parent-Duchatelet). Les soldats et les marins de la République sont la partie la plus honnête de la population ; je ne parle pas, bien entendu des non-combattants.

influences extérieures étaient tenues à distance (1).
En éloignant les troupes des villes pour les instruire promptement, et soustraire leur éducation aux influences malsaines ; en leur donnant des uniformes moins disgracieux, moins gênants, on obtiendrait certainement en deux ans et demi des soldats d'une valeur militaire égale à celle des anciens soldats de profession, avec l'ardeur et l'inconscience de la jeunesse en plus. Le siège de Thuyen-Quan, glorieuse page de la guerre du Tonkin dont personne n'a soufflé mot pendant les élections, démontre que ces jeunes hommes bien commandés peuvent, en ce temps d'égoïsme bourgeois, devenir des héros.

Quant à l'organisation de l'armée française, ses bizarreries, ses contresens sont trop connus pour que j'aie à les rappeler. Cependant, une observation sera ici à sa place, comme conclusion et comme justification de ce que je vous ai écrit sur les dépérissements de la puissance française. L'armée a conscience de sa faiblesse, et ses chefs ont reconnu tacitement que le caractère national a dégénéré. La preuve en est qu'ils ont pris, en vue de la prochaine guerre, des dispositions qui, autrefois, auraient juré avec le tempérament français. Ils se sont préparés pour une lutte de défensive directe et non pour la défensive

(1) Le général Boulanger a porté un terrible coup à l'esprit militaire en autorisant les sous-officiers et caporaux à rester en ville jusqu'à une heure de la nuit. Dans quel dessein ? je n'ose le rechercher.

offensive. Ce n'est certainement pas une erreur, c'est un aveu.

Nous allons donc pénétrer une fois de plus au cœur de cette France, tant de fois foulée aux pieds de nos chevaux. Déjà, profitant de la paix, des milliers d'avant-coureurs nous y ont précédés. Obéissant comme à un mot d'ordre de destruction, des nuées d'Allemands, d'Anglais, d'Italiens et d'étrangers de tous pays se sont glissés dans les entrailles de cette nation déchue, pour ronger et désagréger la digue qui s'oppose à notre ambition. Ces parasites déclarent bien haut que la France est la patrie de tous, c'est-à-dire de personne. Ce n'est pas une maison dont les hôtes acceptent respectueusement les usages : c'est une hôtellerie où l'on n'a pas à se gêner. Le peuple français encourage tout le premier cet incroyable sans gêne. Il met toutes ses ressources à la disposition des étrangers. Pour un peu, il en ferait des électeurs. L'Administration, si hargneuse vis-à-vis des nationaux, affecte à l'égard des étrangers une complaisance qui frise la platitude (1). Elle leur procure, au détriment des citoyens français, les avantages les plus désirables de la qualité de citoyen, sans les astreindre à la moindre obligation ; et Dieu sait s'ils en abusent ! Ils ont tous les agré-

(1) L'Administration des Postes a supporté fort longtemps que 130 maisons d'eau-de-vie allemande se fissent adresser leurs commandes à Cognac où elles n'avaient pas d'établissements. On leur renvoyait leurs lettres en Allemagne et le tour était joué, grâce à la complicité de l'Administration française.

ments de la vie française sans en supporter aucune charge. Et, tandis que des commerçants français et de grands établissements leurs réservent leurs plus brillants emplois, ils méprisent ce peuple dont le foyer est banal, ce peuple à qui l'on vendrait au besoin de l'air français. Ainsi, la France ne s'assimile pas les étrangers qui pullulent dans ses veines : ce sont les étrangers, et quels étrangers ! qui s'assimilent la société française et qui la décomposent.

A Paris, nous sommes 55,000 Allemands, l'effectif de deux corps d'armée, grassement entretenus et enrichis par les bourgeois de cette cité où l'on voit sur les étagères des éclats de nos obus, de ce chef-lieu de l'esprit humain que nous avons bombarbé à la face de l'univers civilisé. Tous les Français ne s'en plaignent pas. Beaucoup déclarent d'un air narquois qu'ils n'y voient pas d'inconvénient : les étrangers ne les gènent pas. Ce qui les « horripile », ce sont les ligues patriotiques, c'est le patriotisme même avec ses expansions ardentes, c'est surtout.... le service obligatoire. Quelques récalcitrants cependant se montrent désagréablement surpris qu'un monsieur en place qu'ils ont étourdiment fréquenté soit un Prussien authentique, comédie plus ordinaire qu'on ne l'imagine. Mais nous avons nos cafés, nos lieux de réunion, nos sociétés, où nul Français patriote ne s'aventure. Là nous nous donnons à cœur de joie de mépriser cette nation chez qui l'on peut monter et se coucher sans indiscrétion.

Les Italiens, voilà nos meilleurs alliés contre la

société française. En France, sur dix coups de couteau, neuf sont donnés à des Français par des Italiens. Chaque année, les couteaux italiens versent plus de sang français qu'il n'en coule dans une bataille; et ce sont toujours des ouvriers, des soldats, des hommes jeunes et vigoureux qui restent sur le carreau. Les gouvernements français se gardent bien de faire des exemples. Ils ont décidé que la France serait sympathique; et, plus on piétine sur elle, plus elle a de mérite à rester sympathique. Le sol, l'or, le sang français semblent voués à la cupidité étrangère. La France les leur offre avec cette ostentation de sentimentalité qui en fait la dupe et la risée de l'Europe. L'Europe sait bien que si la France est officieuse au point de perdre tout sentiment de dignité et tout instinct de conservation, c'est qu'elle ne sait plus haïr. Ce peuple charmant réserve le peu de haine qui lui reste aux citoyens qui ont quelque talent à mettre au service de leur patrie.

Depuis quelques années, on reproche à la jeunesse française ses attitudes mélancoliques. On la critique, non sans ironie. Ces nuages sur le front des jeunes étonnent les vieux. « Ramez, de par tous les diables, ramez, leur disait naguère un député sage et spirituel ! » — « Gouvernez mieux la galère, vous qui êtes à la poupe, auraient pu répondre ces jeunes gens. Nous ne laisserons plus alors tomber nos rames découragées; nous ne penserons plus que cette galère ne vaut pas qu'on essaie de la sauver. »

La mélancolie de ces jeunes hommes est plus philosophique, plus légitime et plus féconde que les quolibets dont on l'accable ! Semblables à ces jeunes Romains que représente le peintre Couture, « ils voient la décadence de Rome, leur âme en porte le poids. Le poids de la patrie qui croule, déshonorée par elle-même. » (1) — Hantés par les sinistres visions de la guerre et de la Commune, les jeunes Français rêvaient, en montant à la vie, un régime de justice et de vérité, de virilité intellectuelle et morale. Mais leurs aînés, pour la plupart aussi grossiers, aussi frivoles, aussi avides que les hommes des régimes déchus, ont recommencé sous leurs yeux les erreurs du passé, et, au lieu de la République rêvée par les jeunes, ils ont établi le règne des médiocrités, livrant la patrie à la démagogie envieuse, hypocrite et lâche.

Les meilleurs, parmi ces aînés, ont misérablement trompé l'espoir des jeunes. On espérait les voir affronter les préjugés de la foule et les détruire... ils les ont exploités ! Le peuple avait des maîtres, il a maintenant des parasites qui le grugent.

J'ai assisté un jour à une fête maçonnique présidée par le très sympathique Anatole de la Forge. (En ce pays de prétendue libre-pensée, l'on tolère et l'on respecte des coteries sournoises, plus mystiques, plus hiératiques, plus immorales dans une société démocratique que le fanatisme religieux !) Le nom

(1) Louis Veuillot : *Les Odeurs de Paris.*

du vénérable président, qui est cité comme un vrai parangon de vertus républicaines, me causa un grand soulagement. Enfin, j'allais entendre dire de mâles vérités à cette foule si souvent dupée par ses comédiens ordinaires !

Au milieu d'une tirade déclamatoire en l'honneur de la sacro-sainte Église intransigeante, j'ai entendu, j'ai bien entendu l'évêque franc-maçon déclarer que Voltaire, l'ami de Frédéric, l'apôtre de la tolérance, a été... l'ancêtre des intransigeants ! Près de moi, un Allemand, du rite français, l'un des commissaires de cette écœurante momerie, riait dans sa barbe. Il se demandait sans doute avec quoi ce peuple ignorant éclairerait son fameux rayonnement pacifique. M. A. de la Forge avait-il conscience de dire une énormité ? Je ne sais. Mais je sais qu'il parlait devant des électeurs intransigeants, et que la période électorale n'était pas très éloignée ! Peut-être aussi, se résignait-il à parler ainsi pour devenir plus sympathique encore, s'il est possible, à cette foule qui ne résiste pas à la flagornerie... Il se résigna, d'ailleurs, dans la même harangue à un nouveau sacrifice. Parlant de la Défense nationale et signalant aux applaudissements de son auditoire les hommes qui furent alors la consolation et l'honneur de la patrie, il oublia loyalement... Gambetta ! Il faut avoir l'ambition chevillée au cœur, pour accepter l'humiliation de passer sous les sentiments les plus bas de cette foule ignorante, plus servilement adulée que ne le fut jamais despote oriental.

On ne peut cumuler les suffrages de la foule avec l'estime de la jeunesse loyale et éclairée. Cette jeunesse proteste, au nom de l'intérêt bien entendu du peuple même, contre les hommes qui exploitent les erreurs de la foule au lieu de les combattre. L'intelligence du peuple n'a été arrachée aux griffes d'un maître que pour tomber dans celles des imposteurs de la démagogie. L'œuvre de son émancipation est à recommencer. Malheureusement, il est trop tard : les aînés, qui avaient mission de tout sauver, ont tout perdu, sauf l'occasion de pêcher en eau trouble. Voilà pourquoi tant de jeunes Français sont tristes.

Vous ne verrez pas la terre promise, jeunes Français épris de justice et de vérité, fidèles et derniers gardiens de la foi nationale. Votre idéal ne brillera pas dans le ciel de votre France bien-aimée. Écoutez ces grondements lointains, ces roulements de caissons, ces cliquetis de sabres ! Les sombres légions du monde germanique s'ébranlent. Elles vont s'épandre sur les contrées riantes dont ne sont plus dignes ces Français mûrs pour la défaite, ces générations dont rougira leur postérité. Honneur à vous, toutefois, à vous qui êtes restés des hommes dans cette tourbe de cuistres et de démagogues, vibrions grouillant dans les flancs de cette société en décomposition. Vos âmes ont été l'unique et suprême refuge du génie de votre noble et grande patrie. Le silence où vous étiez réduits a dû accroître vos douleurs. Consolez-vous : des éclairs vont sillonner cette lourde atmosphère où vous vous mourez d'ennui ; une convulsion formidable va renouveler la face des destinées de la France; les fades langueurs de la décadence vont être secouées; le sifflement des balles, la rumeur gigantesque des batailles vont faire rentrer dans leurs trous les cuistres, les médiocres et les politiciens effrontés qui avait envahi la vie nationale.

Vous ferez bien votre devoir, vous. Mais la tâche est au-dessus de vos forces. Nous le savons : nous guettons votre armée depuis quinze ans. Elle n'a ni le nombre, ni la confiance, ni l'uniformité de l'élan. C'est de la poussière d'hommes. — Qu'un clairon retentissant sonne le rappel magique aux vertus des ancêtres pour rallier contre nous des énergies surhumaines : nous nous rions de ses fanfares belliqueuses! Les fanges de votre démagogie enfanteront le reptile qui blessera au talon le hardi sonneur.

CORRESPONDANCE

Adressée de Paris au *Times*, par le major Wachsam

Où l'on voit comment les armées allemandes peuvent entrer en France.

Paris, le 15 juillet 1887.

La guerre est déclarée. Dès demain, je serai certainement en mesure de vous apprendre le résultat des premières hostilités. Voici, en attendant un parallèle sommaire entre les forces qui, de part et d'autre, sont en état d'entrer immédiatement en campagne.

La France oppose tout de suite le 6e corps d'armée, soit : 2 divisions d'infanterie (12 régiments) ; 1 bataillon de chasseurs à pied ; 6e brigade de cavalerie, (2 régiments) ; 6e brigade d'artillerie (2 régiments) ; 6e bataillon du génie ; 6e escadron du train des équipages ; plus les troupes ne faisant pas partie de ce corps d'armée, mais stationnées dans la 6e région, soit : 8 bataillons de chasseurs à pied ; 2e division de cavalerie indépendante (6 régiments) ; 2 brigades de la 4e division de cavalerie indépendante (4 régiments) ; 1 brigade de la 6e division de cavalerie indépendante (2 régiments). En tout, 12 régiments d'infanterie de ligne, 9 bataillons de chasseurs à pied ; 14 régiments de cavalerie, 2 régiments d'artillerie, et les batteries de la cavalerie indépendante.

L'Allemagne oppose tout de suite : 2 divisions d'infanterie (18 régiments) ; 2 bataillons de chasseurs à pied ; 28 régiments de cavalerie (Metz, Saint-Avold, Thionville, Sarrebruck, Sarreguemines, Sarrebourg, Colmar, Manheim, Carlsrhue, Deutz, Bonn, Dusseldorf, Munster, Paberdorn, Mayence, Hofgeismar, Cassel, Ludwigsbourg, Lunebourg, Oldenbourg, Halberstadt, Stendal) ; 8 batteries du régiment n° 15 ; 8 batteries du régiment n° 31 ; 2 bataillons de pionniers. En tout, 18 régiments d'infanterie de ligne, 2 bataillons de chasseurs à pied, 28 régiments de cavalerie, 16 batteries d'artillerie.

Ce parallèle ne donnerait qu'une idée inexacte de la disproportion des forces en présence, si l'on ne tenait compte de ce fait que les Allemands, décidés à prendre l'offensive dès le début, ont pris la précaution d'avoir, en Alsace-Lorraine des effectifs capables d'entrer immédiatement en campagne. Ainsi, tandis que chaque régiment de cavalerie française ne compte que 4 escadrons à 120 hommes, le régiment allemand compte 4 escadrons à 160 hommes. Les Allemands ont donc su se ménager l'avantage d'une sérieuse supériorité numérique.

. . . .

Je puis vous donner les informations suivantes sur les premières dispositions de combat des Français.

De Galliffet, commandant en chef de la cavalerie indépendante, lui a assigné les points de concentration ci-après :

La 4e division (d'Espeuilles) à Etain, étendra son front d'exploration de Longwy à Conflans, sa droite cherchant la liaison avec la 2e division (Lardeur) qui sera massée à Nomeny sur la Seille.

La 6e division (de Bœrio), se déploiera entre les lignes ferrées Nancy-Saralbe, et Nancy-Sarrebourg, avec son centre à Arracourt.

Quant aux 1re division (de Gressot) et 5e division (de Charreyron) qui sont disséminées dans les garnisons de Paris, Versailles, Saint-Germain, etc. et qui ne peuvent être concentrées avant le 18 et le 19 au soir, elles se rallieront, le plus tôt possible, la 5e à la 4e et la 1re à la 2e. L'artillerie indépendante a immédiatement rejoint la cavalerie.

. . . .

16 juillet.

La division Lardeur occupe Nomeny. Des patrouilles de découverte signalent la présence de l'ennemi à Cheminot, Delme et Château-Salins.

Les patrouilles des 3e brigade de cuirassiers, et 3e brigade de chasseurs (d'Espeuilles) réunies à Etain, ont aperçu des avant-gardes de cavalerie allemande en avant de Briey et de Conflans.

La 4e brigade de chasseurs (de Bœrio), rendue, ce matin même, à Arracourt, explore la forêt de Belzange-la-Grande; pousse des reconnaissances jusqu'à Dieuze et Maizières, sur la grande route de Metz à Strasbourg, et se heurte aux avant-postes allemands.

Rien de décisif dans ces escarmouches préliminaires.

. . . .

17 Juillet.

Tandis que la cavalerie de Galliffet exécutait hier les mouvements prescrits, de Gottberg, chargé de diriger toute la cavalerie allemande jusqu'à la concentration des armées, établissait la 33e brigade (3e division) à Briey ; la 5e division entre Cheminot et Saint-Jur, sur la route de Metz à Nomeny.

Fort de l'appui de 5 régiments d'infanterie (30e division, de Berken) de 4 batteries du régiment n° 31, stationné à Metz, et n'ayant à compter qu'avec la 2e division de cavalerie française, les 2 régiments de ligne de Nancy et le bataillon de chasseurs à pied de Saint-Mihiel, de Gottberg fait avancer ses avant-gardes sur Raucourt.

Le commandant de la division française, Lardeur,

avisé de ces mouvements, détache ses patrouilles de combat et ses éclaireurs de terrain.

A 8 heures du matin, son artillerie, en batterie à Clémery, canonne Raucourt, pendant que la cavalerie prend les formations de combat. L'artillerie allemande riposte aussitôt des hauteurs de Mailly. Le feu devient très vif, mais reste à peu près inefficace. Cependant, l'artillerie allemande, renforcée de deux nouvelles batteries tenues en réserve à Ressaincourt, prend l'avantage sur l'artillerie française.

A 9 heures, la 30e brigade allemande (dragons) se présente, en ligne de colonne, en avant de Raucourt, à gauche de la route de Metz à Nomeny. Elle se déploie à la hauteur de Mailly, après avoir pris Rouves pour direction d'attaque. Les dragons français, (1re brigade) rangés en ligne de masse, en avant de Rouves, se déploient en même temps que les Allemands. Une charge terrible a lieu vers la route de Nomeny à Metz. Les Français, admirablement conduits, parviennent à rejeter les Allemands en dehors de la route. La 32e brigade allemande (dragons) survient alors sur la gauche des Français et les prend en flanc. Le général Lardeur dirige contre elle la 3me brigade de cuirassiers, maintenue jusque-là derrière sa première ligne, entre Nomeny et Rouves. Mais, au moment où ces magnifiques troupes vont se heurter à l'ennemi, de formidables volées de mitraille arrêtent leur élan et déciment leurs escadrons. Cette surprise provient de l'arrivée opportune de deux batteries de l'artillerie envoyée de Metz, venues par Cheminot pour prendre position à Eply. La cavalerie française gravement endommagée, poursuit cependant la charge. Mais la 32e brigade allemande ne se laisse pas entamer.

Le 5e régiment de hussards de la 4e brigade, tenue en réserve, essaie alors d'enlever les batteries allemandes d'Eply, par deux attaques simultanées parties de Rouves et de Port-sur-Seille. Il est arrêté par l'infanterie allemande qui a commencé à se déployer au sud d'Eply et bat en retraite sur Rouves. — Il était temps que l'infanterie française (1 bataillon de chasseurs à pied et 2 bataillons de la 21e brigade d'infanterie) massée dans la forêt de Facq se portât vers Clémery et Morville-sur-Seille.

Une vive fusillade s'engage entre les deux infanteries de Rouves à Morville. Les batteries allemandes d'Eply foudroient Port-sur-Seille, vers lequel se précipite le 4e Bavarois, pour gagner la forêt de Facq. Les Bavarois sont obligés de se replier sous les feux de salve du 26e de ligne, établi sur la lisière de la forêt : ils repassent même la Seille, poursuivis par l'infanterie française. L'artillerie d'Eply réussit cependant à arrêter cette poursuite.

Le combat semble indécis, lorsque sur la gauche des Français, une fusillade inattendue change la face des choses. Ce sont les régiments allemands 97 et 98, dirigés de Cheminot par Lesménils, à travers les bois du Juré et de la Fourasse, qui viennent surprendre les réserves de la brigade française. Ainsi, pris en flanc, les Français sont contraints d'abandonner Morville, Port-sur-Seille, et de se replier sur la forêt de Facq, où il se maintiennent quelque temps.

A 11 heures, assaillis de tous côtés par des forces supérieures, ils commencent un mouvement de retraite vers Dieulouard, la route de Pont-à-Mousson étant gardée par les Allemands.

Cependant les deux cavaleries ennemies avaient continué de se charger avec une incroyable ténacité en avant de Nomeny. La 30e brigade allemande, d'abord percée par les dragons français, s'était réformée, grâce à l'appui de la 32e. La mêlée devient générale; les combattants luttent avec acharnement. Vers 10 heures, la 30e brigade allemande recule. Les Français croient à la victoire. Mais ce mouvement de recul est suivi de l'entrée en scène de la 37e brigade de Uhlans, qui, à son tour, charge les dragons français et les repousse.

Le général Lardeur fait alors donner sa réserve, composée du 10e régiment de hussards, et des escadrons du 5e, ralliés après leur tentative infructueuse contre l'artillerie allemande. Cette dernière charge clôt le duel de cavalerie engagé vers 9 heures. Les batteries d'Eply et de Mailly vomissent la mitraille sur les nouveaux régiments de cavalerie française, dont les escadrons sont désagrégés avant d'aborder l'ennemi.

Les pertes des Français rendent le combat tellement inégal, qu'ils sont réduits à battre en retraite vers Nancy, par Chenicourt et Bouxières.

Le 12e régiment de dragons arrivant de Commercy fond sur les Uhlans, et secondé par l'artillerie qui a dû se retirer de Clémery, pour protéger la retraite, ralentit la poursuite, et sauve les débris de la 2e division d'une déroute complète.

Tandis que la cavalerie française reflue vers Nancy, l'infanterie a beaucoup de peine à contenir les attaques réitérées des bataillons allemands. Elle se résout à gagner Dieulouard, ce qui lui permettrait de passer la Moselle, d'en faire sauter les ponts, et d'arrêter ainsi l'ennemi. Mais Passow (60e brigade), maître de la forêt de Facq, voyant les Français battre en retraite, a déjà envoyé deux régiments à Pont-à-Mousson, avec ordre de marcher sur Dieulouard, après avoir traversé la Moselle. Ces deux régiments sont appuyés par deux des batteries d'Eply, qui les rejoignent dès que le combat de cavalerie prend fin.

Il s'agissait donc pour les Français de gagner l'adversaire de vitesse, d'atteindre Marbach, et de l'empêcher d'y traverser la Moselle. De la sorte, ils pouvaient se mettre sous la protection du canon de Frouard, se jeter dans la forêt de l'Avant-garde et harceler l'ennemi.

Mais de Gottberg, ayant constaté qu'à Nomeny, la cavalerie française avait été mise hors d'état de reprendre l'offensive, a détaché la 32e brigade de cavalerie vers Millery. Cette brigade a mission de couper à l'infanterie française la retraite sur Nancy. Cette précaution était opportune, car elle a permis aux Allemands de passer sur la rive gauche de la

Moselle au-dessous de Millery et de se porter sur la route de Metz à Nancy où les éclaireurs allemands signalent bientôt les pointes d'avant-garde de l'infanterie française. Ainsi, avant que l'infanterie allemande qui poursuivait les Français sur l'une et l'autre rive pût intervenir, la cavalerie allait être seule à s'opposer à la marche de l'infanterie française. Vers Belleville, la cavalerie met pied à terre, dans les bois situés au sud de ce village. Mais sa faiblesse numérique ne lui permet pas d'interdire l'accès des bois aux fantassins français ; cependant, elle retarde leur marche.

Sur ces entrefaites, l'infanterie allemande de la rive droite, ayant passé la Moselle au-dessus de Marbach, renforce la cavalerie allemande et la relève. Bientôt, les deux régiments d'infanterie arrivant de Pont-à-Mousson par la rive gauche, prennent les Français entre deux feux. Ceux-ci, refoulés sur Saizerais, sont poursuivis sur la route de Nancy à Saint-Mihiel par les dragons allemands.

A 7 heures, Passow ayant toutes ses troupes concentrées les dirige sur Liverdun, où il se propose de passer la nuit.

Vers la même heure, arrivaient à Nancy, d'une part 4 batteries de Châlons qui n'ont pu prendre part aux combats de la journée ; d'autre part, la cavalerie de Lardeur. La cavalerie allemande s'arrête au nord de Nancy dans les positions de Bouxières et d'Amance.

18 juillet.

Dès ce matin, les troupes de Passow se dirigent sur Nancy, à travers la forêt de Haye, ayant ainsi tourné le fort de Frouard, seul obstacle qui eût pu l'arrêter sur les routes de Metz à Nancy. Lardeur, privé d'infanterie, et sur le point d'être attaqué de front et à revers, ne se sent pas de force à soutenir le combat, malgré le renfort d'artillerie qu'il a reçu de Châlons. A 10 heures du matin, il quitte la ville, vers un but inconnu, et prend la route de Nancy à Neufchâteau, celle de Strasbourg à Paris lui étant fermée par l'infanterie allemande.

Quelques instants après, la cavalerie allemande pénètre dans Nancy.

. . . .

Je n'ai pu, dans ma dernière dépêche, vous donner des informations sur les engagements qui ont eu lieu sur divers autres points de la frontière. Ils se réduisent à de simples escarmouches d'avant-garde.

Voici les renseignements qui me parviennent sur les opérations qui ont eu lieu aujourd'hui : au nord, dans le triangle Briey, Conflans, Étain ; au sud, aux environs de Vic, sur la route de Lunéville, et dans la partie septentrionale des Vosges.

Au nord. — L'extrême gauche du 6e corps français occupe Étain avec 2 brigades de cavalerie (chasseurs et cuirassiers de la 4e division d'Espeuilles), 2 régiments d'infanterie, 2 bataillons de chasseurs à pied (1er et 9e), et 4 batteries du 8e d'artillerie. A la gauche de ces troupes, aux environs de Gondrecourt, et dans les bois, se trouvent le 8e cuirassiers, les 91e et 94e de ligne et les bataillons de chasseurs à pied nos 25 et 26, avec 4 batteries du 8e d'artillerie.

Les Allemands sont entrés à Briey, dès le 16, avec le 4e uhlans et le 5e chevau-léger.

La brigade Streccius, de la division de Berken, et 2 bataillons de chasseurs à pied occupent Conflans, avec toute la 2e division de cavalerie (Studnitz) et 4 batteries d'artillerie.

Ce matin, à 11 heures, Streccius a porté son aile gauche à Friauville, Pux, et dans les bois en avant de Pux ; le centre à Thuméréville, et l'aile droite à Fléville. Son intention est d'attaquer Étain par le nord. En conséquence, il grossit son centre et sa droite, ne laissant à sa gauche que les troupes nécessaires pour surveiller la grande route de Metz à Paris, et couvrir Conflans.

Vers midi, les premiers coups de feu sont échangés entre les éclaireurs, aux environs de Mouaville et de Béchamp, et, à la droite allemande, sur la route d'Étain à Briey, entre Fléville et Gondrecourt. Une demi-heure après, des hauteurs de Mouaville, 2 batteries du régiment n° 15 et les 3 batteries de la 2e division de cavalerie allemande ouvrent le feu sur Béchamp, Lanhères, les bois de Rouvres et sur le bois communal qui masque Gondrecourt.

Quatre batteries françaises prennent alors position

en avant du bois de Rouvres, et concentrent leurs feux sur l'artillerie ennemie qui a déjà réussi à déloger de Béchamp et de Lanhères le 9e bataillon de chasseurs à pied. Ce bataillon s'est porté vers les bois situés au sud de Mouaville pour s'en emparer : mais une fusillade violente l'a obligé à rétrograder. Les deux artilleries rivalisent d'ardeur. Les Allemands font feu de toutes leurs pièces sur les batteries françaises et leur infligent des pertes. L'avantage de ce combat qui dure près d'une heure semble acquis aux Allemands, qui disposent d'une batterie de plus que leurs adversaires.

Cependant, au nord de Gondrecourt, les 4 autres batteries françaises, installées au-dessus d'Aix, tiennent en échec toute l'aile droite allemande, dont l'artillerie (2 batteries), leur répond faiblement.

A 2 heures, l'infanterie allemande est débusquée des bois environnant la ferme de la Serpe. La 33e brigade de cavalerie allemande s'élance par la route de Fléville au-devant des Français dont elle arrête un instant la marche. Elle est chargée à son tour et culbutée par le 8e cuirassier. Cavalerie et infanterie luttent vigoureusement. Les Français gagnent du terrain.

Tout à coup, des masses profondes de cavalerie débouchent du village de Fléville. Ce sont 2 brigades de la 3e division (Dincklage), qui accourent de Conflans où elles ont débarqué à 1 heure de l'après-midi. La 21e se déploie, et refoule les cuirassiers sur Gondrecourt, pendant que la 22e, parvenue à

Laxières, vient prendre en flanc l'infanterie française qui se replie en désordre sur la ferme de la Serpe. L'infanterie allemande reprend alors l'offensive ; elle réoccupe la ferme et les bois de la Serpe, où elle est arrêtée de nouveau par le feu des batteries françaises d'Aix. L'artillerie allemande, rentrée en position au sud de Fléville et renforcée par les batteries des brigades de la division Studnitz, répond maintenant victorieusement à celle des Français, qui, menacée d'être débordée par le 14e hussard détaché de la 22e brigade allemande, par Noroy et Affléville, évacue sur Gondrecourt.

Tandis que le combat continue à Gondrecourt avec succès pour les Allemands, Streccius s'est emparé successivement de Lanhères et de Béchamp. Il dirige son infanterie sur les bois de Woirevault, et s'apprête à la lancer contre ceux de Rouvres où se sont maintenus les Français malgré le feu des batteries de Mouaville.

La 4e division (d'Espeuilles, 3e brigade de cuirassiers et 3e brigade chasseurs) sort à ce moment de Rouvres par le chemin de Lanhères, et se dispose à interrompre la marche en avant de l'infanterie allemande; mais, avant d'arriver, elle doit faire face à toute la 2e division de cavalerie allemande débouchant d'Aucourt. Un choc a lieu au nord de Lanhères. Les Français inférieurs en nombre chargent hardiment, mais ils ne parviennent pas à maintenir la division allemande, qui, au cours de l'action, est renforcée de la 15e brigade de la 1e division (Buddenbrock). Cette division rendue à Conflans vers deux heures avait battu le pays dans la direction de Verdun, et, au moment où d'Espeuilles sortait de Rouvres, elle était parvenue à la hauteur de Mezeray (route de Metz-Paris), sans rencontrer d'obstacle. Sa brigade de droite, avançant sur Étain par la route de Conflans entend le canon; elle change alors de direction à Buzy et court sur Aucourt et Lanhères où elle trouve les deux cavaleries aux prises. Les Français succombent alors sous le nombre.

A droite, l'artillerie allemande s'est avancée de Fléville à l'intersection du chemin de Gondrecourt et de la route de Briey à Étain. De là, elle détruit Gondrecourt, et fait converger ses feux, avec les batteries de Mouaville, sur les bois de Rouvres, où l'infanterie de Streccius a enfin pénétré. A cinq heures, les Français se retirent précipitamment sur Étain, poursuivis par la cavalerie allemande, que les régiments de la division d'Espeuilles ne peuvent contenir. Pressés par les troupes allemandes, ils n'ont pas le temps de se barricader dans Étain qu'ils abandonnent après un combat meurtrier dans les rues. Les cuirassiers et les chasseurs de d'Espeuilles se sacrifient héroïquement pour couvrir la retraite, qui s'effectue dans la direction de Verdun, le long de la voie ferrée.

A sept heures, Streccius prend possession d'Étain, où viennent le rejoindre, un peu plus tard, le régiment d'infanterie et le bataillon de chasseurs à pied dont la mission s'est bornée, durant cette rude journée, à battre le terrain le long de la route Metz-Paris. Les deux brigades de la 1e division de cavalerie qui se sont maintenues sur la gauche se disposent à passer la nuit à Frênes-en-Wœvre. La prise des bois de Rouvres a coûté cher à l'infanterie allemande, et la cavalerie, bien que victorieuse, restait fort meurtrie des attaques de la division d'Espeuilles.

Au Sud — La 61e brigade allemande (Meerscheidt-Hullessem — 25e, 98e, 105e et 130e régiments) a pour objectif Lunéville. Elle est secondée par 2 brigades de cavalerie de la 12e division (Strautz) avec 2 batteries à cheval, et par 4 batteries du régiment n°31 d'Haguenau. Ses forces sont réparties en deux colonnes : l'une, partant de Château-Salins, doit atteindre Lunéville par Arracourt et Finville ; l'autre, concentrée à Heming, se dirigera vers Baccarat, par Blamont, où elle recevra des ordres. L'effectif de cette dernière colonne ne comprend que le régiment d'infanterie n° 25, et le 14e dragons, avec 1 batterie à cheval.

Les Français opposent : la 22e brigade d'infanterie, le 4e bataillon de chasseurs à pied, la 4e brigade de la 6e division de cavalerie (de Bœrio) avec 2 batteries à cheval et 4 batteries divisionnaires.

1re colonne — Dès ce matin les positions ont été reconnues de part et d'autre. Les détachements de cavalerie française qui, la veille, avaient exploré la forêt de Bezange-la-Grande, sans y rencontrer l'ennemi, y ont passé la nuit, attendant l'infanterie française. Dès l'aube, ils en ont été chassés par les bataillons allemands débouchant de Vic et de Moyenvic. Ceux-ci sont bientôt sur la lisière S. de la forêt où ils essuient le feu des 2 batteries de la division de cavalerie française établies au nord de Juvrecourt.

Le 4ᵉ bataillon de chasseurs à pied, arrivant de Saint-Nicolas-du-Port, sort d'Arracourt, se déploie le long de la rive gauche du Moncel, et dirige une vive fusillade contre les Allemands, qui rentrent sous bois.

Cependant les 2 batteries de corps de l'artillerie allemande ont pris position sur la lisière N. de la forêt (côte 303) et engagent le combat contre celles de Juvrecourt (274).

De nouveaux bataillons allemands apparaissent alors sur la gauche des Français (chemin de Bezange-la-Grande). Ils sont arrêtés par les 4 batteries divisionnaires françaises qui viennent de prendre position au point dit Les Jumelles, et qui favorisent le déploiement du 37ᵉ de ligne face à Bezange. Les 4 batteries allemandes du régiment 31, amenées à 2 kilomètres au S. de cette localité, concentrent leurs feux sur Les Jumelles. La lutte engagée sur tous les points continue jusqu'à 10 heures sans résultat marqué.

A ce moment, la brigade de dragons allemands, maintenue jusque-là près de Moyenvic, sur la route de Metz à Strasbourg, pousse sur Xanrey, où elle culbute deux compagnies du 79ᵉ de ligne et deux escadrons du 5ᵉ chasseurs formant le soutien des batteries de Juvrecourt ; elle tombe inopinément sur ces batteries et sabre servants et attelages, avant que la cavalerie française ait pu s'avancer à sa rencontre. Celle-ci rangée en masse près de l'ancien moulin sur le chemin de Juvrecourt à Rechicourt, se porte toute entière contre les assaillants. Les Allemands ont non seulement l'avantage du nombre, mais encore celui de la position. Les escadrons français enserrés entre le Moncel à gauche et la côte à droite, chargent péniblement. Ils disputent vaillamment le terrain mais sont refoulés sur Rechicourt.

L'aile droite française complètement débordée recule jusque à Arracourt, où viennent bientôt l'atteindre les projectiles des batteries allemandes de la forêt de Bezange. Délivrés des batteries de Juvrecourt par leur cavalerie, les Allemands se portent à la pointe S. du bois, près de la route de Lunéville, De là ils criblent Arracourt vers lequel se rabattent les escadrons français, luttant toujours contre les dragons allemands. Le 4e bataillon de chasseurs à pied, qui a gravi les pentes des fermes de Rionville soutient les cavaliers français, et détourne sur lui l'attention d'une partie de la cavalerie allemande. Mais Meerscheidt-Hullessem sort de la forêt avec son infanterie et traverse le Moncel en dépit des efforts du 79e de ligne. Il ordonne alors l'attaque décisive. La situation de l'artillerie française des Jumelles devient très critique : elle a en effet à répondre au convergent des batteries allemandes de Bezange et et de celles placées à l'entrée de la forêt près de la route de Lunéville, et, en même temps, à faire face à l'assaillant.

Les deux infanteries se fusillent à 400 mètres. Les Allemands s'élancent à l'assaut d'Arracourt, et y entrent à 1 heure. Les Français écrasés par le nombre disputent le terrain pied à pied. Refoulée sur la route de Lunéville, leur infanterie se répand dans le bois de Beauzemont. Leur artillerie s'établit au N. du petit bois de Sancy sur le chemin d'Athienville à Serres. Le combat se poursuit avec acharnement. Mais l'artillerie allemande s'est emparée de la position des Jumelles où elle a réuni ses 6 batteries. Elle couvre le bois de Beauzemont de ses projectiles, tout en ripostant aux 4 batteries de Sancy.

A partir de ce moment, les Français comprenant l'impossibilité de tenir tête à l'ennemi dans de telles conditions d'infériorité numérique accentuent leur mouvement de retraite. L'artillerie tempère la poursuite du vainqueur. Une nouvelle tentative de résistance à Einville sur le canal de la Marne au Rhin échoue. La poursuite continue alors sans combat jusqu'à Lunéville, qui tombe au pouvoir des Allemands à 8 heures du soir.

2e colonne. — La 2e colonne allemande concentrée à Hemingest arrivée à Blamont ce matin à 10 heures. Elle s'est dirigée aussitôt sur Baccarat. A la sortie de Domèvre, son avant-garde est accueillie par une décharge de mousqueterie partie du bois Banal dans lequel s'est embusqué le 17e bataillon de chasseurs à pied. La batterie allemande prend aussitôt position à l'O. de Domèvre, et canonne le bois pendant que le régiment n° 25 se déploie sur la route de Nancy. Sa chaine de tirailleurs escalade intrépidement la pente septentrionale du bois Banal. Le régiment engage avec les chasseurs une lutte corps à corps qui se poursuit jusqu'à Mignéville. Pressé sur son aile droite par les dragons allemands, le 17e chasseurs parvient néanmoins dans Montigny, utilisant avec adresse toutes les croupes qui, dans cette région, rendent la poursuite très difficile. Les bataillons allemands ne lui laissent aucun répit. Enfin, après six heures d'une courageuse résistance, assaillies de front par l'infanterie et l'artillerie, harcelées sur les ailes par les escadrons Allemands, ses compagnies fort éprouvées par le feu de l'ennemi, réussissent à pénétrer dans le bois de Grammont qu'elles traversent pour gagner la route de Schlestadt, puis Raon-l'Etape.

Le combat a été rompu à Grammont, et les Allemands qui ont payé chèrement leur succès, entrent à Baccarat à 6 heures du soir.

Une surprise désagréable était réservée au valeureux 17e chasseurs. A peine installé à Raon-l'Etape, il voyait apparaître l'avant-garde d'une nouvelle colonne Allemande s'avançant par la route de Saint-Dié. La brigade d'infanterie Seeckt (division Brandenstein, (voir page 7, 4e alinéa) forte de 4 régiments et de 4 batteries d'artillerie, rassemblée à Schlesdadt le 16, s'était avancée, le lendemain, par la route de

Sainte-Marie-aux-Mines, sur Saint-Dié, qu'elle occupait dans la journée, après avoir essuyé les attaques des 10e et 15e bataillons de chasseurs. Là, encore, comme sur les autres points, les Français avaient dû céder devant le nombre. Après avoir rejeté ses adversaires dans les forêts qui avoisinent Gerardmer, Seeckt divise sa brigade en deux colonnes à Anould, l'une devant marcher sur Bruyères, l'autre sur la Voivre et Raon-l'Etape, ayant toutes les deux pour objectif Rambervillers. La première colonne atteint Bruyères le 18 au soir, après avoir fait toute la journée le coup de feu avec le 10e et le 15e chasseurs à pied, qui se sont constamment tenus sur son flanc gauche. Deux de ses bataillons poussent jusqu'à Deyemont, coupent la voie ferrée d'Epinal à Saint-Dié, au-dessus de Docelle, et viennent rejoindre le gros de la colonne à Bruyères.

Le même jour, la deuxième colonne arrive à Raon-l'Etape, où elle surprend le 17e chasseurs. Harrassé par la lutte qu'il vient de soutenir, celui-ci coupe le chemin de fer de Lunéville à Saint-Dié et le télégraphe, puis se replie vers Rambervillers où il arrive après une marche de nuit.

. . . .

En résumé, pendant les journées des 17 et 18, le 6e corps français a fait donner toutes ses troupes, à l'exception des 2 régiments d'infanterie (120e et 128e) qui, de leurs garnisons, Sedan et Givet, ont été dirigés sur Longuyon, pour couvrir les places de Longwy et de Montmedy, et de 4 batteries du

25e d'artillerie, de Châlons, arrivées trop tard pour prendre part au combat de Nomeny.

Les Allemands on engagé tout le 15e corps, sauf la 15e division de cavalerie, placée en observation à Dannemarie (Alsace).

Ainsi, le 18 au soir, le front stratégique des troupes Allemandes s'étend d'Etain à Bruyères, en passant par Frênes-en-Wœvre, Thiaucourt, Nancy et le plateau de Haye, Luneville, Baccarat et Saint-Dié.

Leurs succès leur assurent dès maintenant la prépondérance stratégique.

19 juillet.

Le récit que je vous ai fait des opérations du 17 et du 18, vous a montré que, dès maintenant, la situation est désavantageuse pour les Français. La précaution qu'avaient prise les Allemands d'entretenir en Alsace-Lorraine un corps d'armée pouvant entrer immédiatement en campagne, sans attendre ses réserves, a obtenu un plein succès. Le 6e corps, français est disloqué, et bat en retraite; la mobilisation de la 6e région est compromise. Le plan de mobilisation va subir nécessairement des modifications défavorables. Il est vraisemblable que les réserves, destinées à être encadrées dans le 6e corps, iront renforcer les troupes fixes des garnisons de Verdun, Toul et Épinal. Le théâtre des opérations se trouve reculé sur le territoire français jusqu'aux frontières stratégiques (lignes fortifiées de la Meuse et de la Moselle).

On n'a pas semblé trop alarmé, ici, du résultat des premiers engagements. La mobilisation s'effectue, paraît-il, dans d'excellentes conditions, et on espère que le 1er corps d'armée, l'un des premiers mobilisés, va être rapidement en état de se porter vers la trouée de la Meuse et d'arrêter les Allemands.

. . . .

Une grave nouvelle arrive au Ministère de la Guerre. Le gouvernement Belge vient de lancer l'ordre de mobilisation de son armée. Cette mesure serait motivée par l'insistance que met depuis quelques jours le Cabinet de Berlin à réclamer l'autorisation d'exploiter les chemins de fer du bassin de la Meuse. L'attitude de la Belgique donne à penser qu'elle a reçu des injonctions auxquelles elle ne veut pas avoir l'air d'obtempérer bénévolement. Voilà qui pourrait bien modifier la destination du 1er corps d'armée.

. . . .

Mauvaise journée pour la France ! Des manifestations hostiles ont eu lieu à Rome sous les fenêtres de l'ambassade de France. Le drapeau français a été lacéré et foulé aux pieds par la populace, aux cris de : A bas la France ! Vive l'Allemagne ! Rendez la Savoie, rendez la Corse ! — L'Italie cherche depuis longtemps une aventure : il est à présumer que s'il y a une curée elle s'y trouvera.

21 juillet

Depuis hier, la mobilisation allemande est accomplie.

Le 7e corps (Wissendorf) a reçu l'ordre de partir de Munster, vers la frontière Belge, où il se déploie entre Aix-la-Chapelle et Eupen.

En conséquence, le 1er corps français change d'objectif, comme je vous l'avais fait pressentir. Il devra, sa mobilisation achevée, c'est-à-dire ce soir 21 juillet, prendre position en avant de la grande Helpe, avec ordre de passer la frontière Belge, si la neutralité est violée par les Allemands.

. . . .

Les nouvelles reçues du théâtre de la guerre révèlent l'intention de plus en plus évidente de l'Allemagne de profiter de sa vigoureuse offensive. La situation se dessine.

Aujourd'hui, toute la cavalerie allemande est sur le territoire français. *Ce coup était préparé de longue main.* Voici quelles combinaisons secrètes l'ont rendu possible. *La répartition officielle de la cavalerie n'était qu'un trompe-l'œil.* Les 93 régiments de cavalerie ont été répartis entre 15 divisions ainsi composées :

Division	Brigade	Régiment		Régiment	
1re division (Buddenbrock)	10e brigade	Dragons, régiment	10	Uhlans, régiment	14
	20e —	Dragons, id.	16	Uhlans, id.	13
	15e —	Cuirassiers, id	8	Hussards, id	7
2e — (Studnitz)	16e —	Dragons.	7	Hussards, id.	9
	13e —	Cuirassiers, id	4	Hussards, id	8
	14e —	Hussards, id	11	Uhlans, id.	5
3e — (Dincklage)	33e —	Chevau-légers, id	5	Uhlans, id.	4
	21e —	Dragons, id	5	Hussards, id	13
	22e —	Hussards, id	14	Uhlans, id.	6
4e — (Œtinger)	6e —	Hussards, id	3	Uhlans, id.	11
	1re —	Cuirassiers, id	3	Dragons, id	1
	7e —	Hussards, id	1	Uhlans, id.	8
5e — (Wrigt)	30e —	Dragons, id	9	Dragons, id	10
	31e —	Uhlans, id.	7	Uhlans, id.	15
	32e —	Dragons, id	13	Dragons, id	15
6e — (Garnier)	17e —	Dragons, id	17	Dragons, id	18
	18e —	Hussards, id.	15	Hussards, id.	16
	5e —	Cuirassiers, id	6	Uhlans, id.	3
7e — (Schadow-Godenhauser)	7e —	Dragons, id	6	Uhlans, id	16
	8e —	Hussards, id.	10	Hussards, id	12
	1e brig. bavaroise	Dragons, id	1	Dragons, id.	2
8e — (Hæseler)	34e brigade	Cuirassiers, id	7	Chevau-légers, id.	6
	35e —	Hussards, id.	17	Uhlans, id.	12
	36e —	Dragons, id	2	Dragons, id	12

Division	Brigade	Régiment	N°	Régiment	N°
9e — (Thiele)	23e brigade	Cavalerie lourde saxonne, id.	1	Cavalerie lourde, id.	2
	24e —	Hussards saxons, id	18	Hussards saxons, id.	19
	37e —	Uhlans saxons, id.	17	Uhlans saxons, id.	18
10e — (Frankenberg-Luttwitz)	9e —	Cuirassiers, id	5	Dragons, id	4
	10e —	Hussards, id	2	Uhlans, id	1
	25e —	Dragons, id	23	Dragons, id	24
11e — (Winterfeld)	1re —	Gardes du corps, id.	1	Gardes du corps, id	2
	2e —	Gardes uhlans, id	1	Gardes uhlans, id	3
		Hussards, id	1		
	3e —	Dragons garde, id	1	Dragons garde, id	2
		Uhlans garde, id.	2		
12e — (Strautz)	28e —	Dragons, id	20	Dragons, id	22
	29e —	Dragons, id	14	Dragons, id	21
	26e —	Uhlans Wurtemberg, id	19	Uhlans Wurtemberg id	20
13e — (Hænlein)	27e —	Dragons Wurtemberg, id	25	Dragons Wurtemberg, id.	26
	2e bavaroise	Chevau légers, id.	1	Chevau-légers, id.	3
	3 id.	Chevau légers, id	2	Chevau-légers, id.	4
14e — (Henri XIII, prince de Reuss)	11e brigade	Cuirassiers, id	1	Dragons, id	8
	12e —	Hussards, id	6	Uhlans, id.	2
	3e —	Dragons, id	3	Dragons, id	11
15e — (Manché)	4e —	Uhlans, id.	9	Hussards, id	5
	38e —	Cuirassiers, id.	2	Hussards, id	4
		Uhlans, id.	10		

L'examen des voies de concentration allemandes vous fera saisir ce qu'il y a de rationnel dans cette répartition réelle de la cavalerie. On a adjoint à chaque division 3 batteries à cheval. Ces divisions sont groupées dans l'ordre suivant :

Les 1re, 2e, 3e, 4e, 7e, 8e, et 10e, opèrent avec la 5e brigade d'infanterie (Streccius) en avant d'Étain, entre Verdun et la frontière Belge. (En face d'elles, les divisions 4e et 5e d'Espeuilles et Charreyron).

Les 5e, 6e, 9e, 11e secondent la 60e brigade d'infanterie (Passow). Elles sont échelonnées de Frênes-en-Wœvre à Saint-Nicolas-du-Port. (En face d'elles, les 1re et 2e divisions, Lardeur et de Gressot.)

Les 12e, 13e et 14e sont affectées aux 61e et 62e brigades d'infanterie (Meerscheidt-Ullessem et Seeckt) qui se sont emparé de Lunéville, Baccarat, Raon-l'Etape, et Bruyères. (En face d'elles, la 6e division, (de Bœrio) la 6e brigade de cuirassiers, et la brigade de cavalerie du 6e corps, 12e dragons, et 6e chasseurs.)

Cette combinaison permettant à l'Allemagne de jeter, dès le début, toute sa cavalerie en territoire français, offre d'immenses avantages. Elle ne préjudicie, d'ailleurs, en rien aux opérations du reste de l'armée : n'oubliez pas, en effet, que, les premiers résultats obtenus, une portion déterminée de cette cavalerie ralliera les corps d'armée; n'oubliez pas non plus, qu'en cas de mobilisation, il doit être formé dans chaque corps d'armée, avec l'excédent des réservistes, et avec les landwehriens de la cavalerie, ayant pour noyau le 5e escadrons de chaque régiment actif, 2 régiments dits de réserve; qu'on aura ainsi tout de suite 37 régiments de réserve à 4 escadrons mobiles de 150 sabres. Ainsi, cette manœuvre ne peut que favoriser le succès des opérations, puisque le but de la cavalerie doit être, pour une armée qui prend l'offensive, de troubler l'adversaire, de lui masquer la concentration, sauf à reprendre ensuite en temps opportun son rôle dans la bataille.

. . . .

Depuis le 18, la situation des Français n'a fait que s'aggraver. Le général Henduck, grâce à la vigilance des détachements chargés d'observer les mouvements des corps français battus à Etain, Nomeny, Arracourt, Domèvre et Saint-Dié, sait, dans la matinée du 19, que l'ennemi s'est porté vers les deux trouées de la Meuse et de la Moselle.

Les troupes qui, battues à Etain, se sont repliées sur Verdun, ont pris la route conduisant à Ornes, après avoir passé la nuit à Eix. Elles se sont dirigées ensuite sur Azannes et Damvillers. Les fractions qui n'ont pu se maintenir à Nancy et Lunéville se massent sur la rive droite de la Moselle, entre Pont-Saint-Vincent et Châtel.

De concert avec de Goltberg, qui dispose dès le 19 de 8 divisions de cavalerie, de Henduck arrête l'ordre de marche suivant :

La brigade Streccius se portera d'Etain vers la direction de Damvillers, précédée par les divisions de cavalerie Studnitz, Dincklage, Schadow-Godenhauser, des 34e brigade (division Hœsler), 25e (division Frankenberg-Luttwitz) et 19e (division Buddenbrock) avec leurs batteries attelées.

Les 2 autres brigades de la division Buddenbrock se porteront vers Spincourt et Rouvrois. — Le 17e hussards restera à Etain. — Les 4 batteries du régiment n° 15 formeront la réserve d'artillerie.

La brigade Passow maintiendra 2 régiments sur le plateau de Hayo, et un détachement à Nancy ; elle détachera les 92e, 98e et 129e régiments pour renforcer la brigade Meerscheidt-Hullessem, qui, partant de Lunéville, combinera ses mouvements avec les divisions Wrigt, Strautz et Haenlein de façon à forcer les passages des ponts de Bayon et de Charmes.

. . . .

Dans la journée du 19, la brigade Streccius, se conformant aux ordres reçus, se porte dans la direction de Damvillers. Sa cavalerie avance sur les talons des troupes françaises refoulées la veille d'Etain. Le gros de la brigade s'arrête le soir à Gremilly. La cavalerie occupe Beaumont avec la 7e division (34e, 25e et 10e brigades) et Azannes avec les 2e et 3e divisions. L'artillerie s'est rangée sur la route entre Azannes et Gremilly.

L'infanterie et l'artillerie françaises sont établies à Moirey ; la cavalerie division d'Espeuilles à Flabas, la division de Charreyron à Chaumont-devant-Damvillers.

De part et d'autre, malgré les fatigues de quatre journées de marches et de combats on achève pendant la nuit les préparatifs d'une rencontre devenue imminente.

. . . .

Hier matin, 20 juillet, des escarmouches d'avant-postes se sont engagées sur la route de Damvillers, en avant de Chaumont, entre les divisions de Charreyron et Studnitz. A 8 heures, les 6 batteries à cheval des 7e division, 10e, 25e et 34e brigades de cavalerie allemande ont pris position au N. de Soumazannes, au point dit le Cap de Bonne Espérance. Elles ouvrent le feu sur le bois Vaux-Hordelles, et sur celui-ci des Caures, au N. duquel s'établit une partie de l'artillerie française. Les 6 batteries des divisions Studnitz et Dincklage se sont intallées en avant d'Azannes pour répondre au tir de 4 batteries françaises qui du château de la Place canonnent ce village.

Le combat d'artillerie atteint vers neuf heure toute son intensité. Malgré la vivacité du feu de l'artillerie allemande, l'infanterie française a pu se porter de Moirey sur Ville-devant-Chaumont. Streccius qui a déployé une partie de sa brigade sur la route de Soumazannes à Azannes, donne l'ordre à ses troupes de se porter en avant pour s'emparer de Ville-devant-Chaumont. L'infanterie française reçoit avec beaucoup de sang-froid l'assaut des Allemands, le repousse, et cherche à reprendre à son tour l'offensive. Mais elle est arrêtée par la 25e brigade de dragons, qui, débouchant de Baumont, entre les bois Conte et les Vaux-Hordelles, vient la charger en flanc. La soudaineté de cette attaque permet aux bataillons allemands de se rallier. Ils se portent de nouveau contre Ville-devant-Chaumont, soutenus cette fois par les 4 batteries de réserve que l'on a hissées au mont Aubé sur la côte de Romagne. De cette position, ces batteries plongent sur l'artillerie française du château de la Place que sont venues renforcer trois batteries à cheval de la division d'Espeuilles. Elles dirigent en même temps un feu nourri contre les Français qui sont rentrés dans Ville-devant-Chaumont.

L'intervention de ces 4 nouvelles batteries change en un instant la face du combat qui, jusqu'alors semblait tourner à l'avantage des Français. Des deux côtés, toutes les réserves d'infanterie et d'artillerie ont été engagées. Seize batteries allemandes, établies en demi-cercle au cap de Bonne-Espérance, à Azannes et sur la côte de Romagne tonnent contre les 14 batteries françaises de Flabas et du château-de-la-Place. La supériorité de la position des Allemands sur le mont Aubé provoque la retraite des batteries du château de la Place. Peu de temps après, Ville-devant-Chaumont est évacué.

A la droite des Français, les batteries de Flabas arrêtent l'infanterie allemande, qui s'est déjà élancée vers Moirey. Mais, sur le point d'être tournées au S. par la division de cavalerie Schadow-Godenhauser, et les brigades 19e, 25e et 34e venant d'Haumont-près-Samognieux, auxquelles n'a pu résister la division d'Espeuilles, elles sont obligées de quitter leur position.

Les divisions Studnitz et Dincklage placées à la droite de la brigade Streccius se sont dirigées sur Romagne dès que le mouvement en avant de l'infanterie s'est accusé. L'artillerie quitte alors le mont Aubé pour la côte de Morimont; Azannes pour Buisson-Chaumont, et le cap de Bonne-Espérance pour Flabas.

L'infanterie arrive en face de Moirey. Les Français n'abandonnent ce village qu'après un combat acharné, lorsqu'ils se voient sur le point d'être enveloppés par la cavalerie allemande, qui, de Romagne et d'Haumont, s'avance sur Damvillers, en refoulant les divisions déjà très éprouvées de d'Espeuilles et de Charreyron.

A cinq heures, les Français sont à Damvillers. Ils ne peuvent s'y maintenir et vont occuper les positions de Réville et de Peuvillers. Leur intention est de couvrir Dun le plus longtemps possible, en s'abritant dans les bois où la cavalerie allemande, à qui est dû le succès de la journée, ne pourra les atteindre.

Streccius pénètre dans Damvillers, où il s'arrête pour donner du repos à ses troupes. Les deux brigades de la division Buddenbrock, qui s'avançaient sur Rouvrois par Spincourt, se sont heurtées, au S. de Longuyon, contre les 120e et 128e de ligne, dont la fusillade les a maintenues à distance de cette localité.

. . . .

Le 19, les bords de la Moselle, de Pont-Saint-

Vincent à Châtel, ont été le théâtre de combats meurtriers.

Dans la matinée, une partie de la brigade Passow (3 régiments), descendue du plateau de Haye, s'avance avec quatre batteries, sur la route de Nancy à Strasbourg, dans la direction de Saint-Nicolas-du-Port, précédée par la cavalerie de Wrigt, dont les flanqueurs couvrent sa droite jusqu'à Ludres, sur la route Nancy-Épinal, et plus à l'E., jusqu'à Fléville, Lupcourt et Manoncourt-en-Vernois. Arrivée à l'embranchement de Nancy à Bayon, la colonne tourne à droite et poursuit dans la direction de Bayon.

La brigade Meerscheidt-Hullessem, ralliée à Lunéville, quitte ce point à l'heure même où Passow part de Nancy. Elle se dirige également vers Bayon par Rehainviller, Xermamenil, Lamath et Mehoncourt, avec quatre batteries et les divisions de cavalerie Strautz et Haenlein.

Quant à Seeckt, après avoir rassemblé sa brigade à Rambervillers, il s'est engagé sur la route de Charmes, et a pénétré sans combat, le 19 au soir, dans Moyemont.

Le 20, ces trois colonnes continuent leur marche vers la Moselle. Elles prennent bientôt le contact avec les forces françaises qui occupent, sur la rive droite de la Moselle, les positions d'Azeloi, à l'E. de Flavigny, de Bremoncourt et de Belchamp, sur la route de Bayon à Lunéville ; de Moriville et d'Hadigny sur celle de Charmes à Rambervillers.

La colonne Passow a devant elle la division Lardeur fort endommagée depuis Nomeny, soutenue par un régiment d'infanterie, un bataillon de chasseurs à pied et deux batteries d'artillerie. A dix heures, elle débusque les troupes françaises du village d'Azeloi, les poursuit à travers les bois de Flavigny et les rejette à Flavigny, sur la rive gauche de la Moselle. L'assaillant met une telle vivacité dans cette poursuite qu'il réussit à empêcher les Français de faire sauter le pont de Flavigny. Pourchassés par la cavalerie allemande, les Français se retirent par Vezelise. Passow occupe Flavigny. Il détache en toute hâte deux batteries et le 120e d'infanterie vers Bayon, où l'on entend une violente canonnade. Ce détachement repasse la Moselle à Tonnoy, gagne Velle, et, à deux heures, atteint Haussonville.

Il trouve sur ce point quatre batteries de la brigade Meerscheidt-Hullessem aux prises avec l'artillerie française, qui, de Belchamp, s'est avancée à Domptail, et obtient jusqu'à présent l'avantage. L'aile droite de cette brigade commençait à fléchir; l'arrivée des renforts change l'aspect du combat. Les Français, vigoureusement attaqués à Domptail, reculent sur Belchamp et s'y maintiennent toute la journée, conservant aussi leurs positions à Bremoncourt. La nuit survient sans que rien soit modifié. Les Français couchent sur leurs positions du matin.

A l'extrême gauche allemande, la brigade Seeckt (4 régiments et 4 batteries), a eu à lutter contre des forces françaises comprenant 1 régiment d'infanterie, 2 bataillons de chasseurs à pied, 2 batteries d'artillerie, 2 brigades de cavalerie avec 2 batteries attelées et postées à Moriville et Hadigny. Ici encore, on a combattu jusqu'à la nuit sans résultat décisif. Mais, au lieu de laisser reposer ses troupes, Seeckt appelle à Rehincourt l'un des régiments qui ont donné dans la journée contre Hadigny, et à la tête de 3 régiments, il s'enfonce dans les bois de Rehincourt, et va surprendre de nuit les Français dans Moriville. Ceux-ci, attaqués à l'improviste par des forces supérieures, se replient en désordre sur Hadigny. Seeckt concentre alors toute sa brigade dans la position de Moriville, afin de rester maître de la route de Charmes à Rambervillers.

. . . .

Un échange de notes diplomatiques a lieu entre les cabinets de Rome et de Paris au sujet des incidents dont je vous ai parlé au commencement de ma dépêche. Le cabinet italien prend la chose de très haut. Il paraît que la police italienne a montré vis-à-vis des manifestants, une tolérance qui frise la complicité. De nombreux ordres secrets ont été lancés du ministère de la guerre italien. Le gouvernement français a réclamé des explications formelles et immédiates. Il est en effet indispensable de savoir à quoi s'en tenir sur les intentions de l'Italie, avant d'arrêter la concentration définitive des corps français.

22 juillet.

Hier matin, 21 juillet, l'action a repris sur toute la ligne. Les Français ont eu sur les bras 14 divisions de cavalerie avec 42 batteries, auxquelles ils n'ont pu opposer que les 6 divisions de Galliffet, avec 17 batteries. Dans de telles conditions, le résultat n'était pas douteux.

Les 1re, 2e, 3e, 4e, 7e, 8e et 10e divisions allemandes, ont opéré avec Streccius contre Dun. Les divisions de Charreyron et d'Espeuilles ont dû suivre le mouvement de recul de l'infanterie française, et gagner la rive gauche de la Meuse par le pont de Dun, qui a été détruit après le passage.

Dans la matinée, les 7e et 10e divisions allemandes partent d'Étraye à l'ouest de Damvillers. Elles ont ordre de passer la Meuse à Consenvoye, de couper en cet endroit la ligne ferrée de Verdun à Mézières, et de marcher sur l'Argonne par Montfaucon. A Varennes, une brigade se détachera pour aller couper la ligne de Verdun à Paris au-dessus de Clermont en Argonne. Ces 2 divisions s'engageront alors dans les défilés de l'Argonne, à Varennes. Leur objectif sera ensuite de détruire la voie ferrée de Vouziers à Sainte-Menehould, et de se répandre à travers l'Argonne, en remontant la Biesme jusqu'aux Islettes.

Les 2e et 3e divisions poursuivent leur marche

vers Stenay en longeant la Meuse. Elles gagneront Mouzon, puis traverseront le Chiers pour détruire la ligne ferrée de Thionville-Mézières. De Jametz, Streccius détache de sa colonne, dans la direction de Longuyon, 1 régiment d'infanterie, et la 10ᵉ brigade de cavalerie de la division Buddenbrock. La 2ᵉ division arrivée à Stenay à 4 heures, laisse la 3ᵉ s'avancer sur Mouzon, et traverse la Meuse, suivie de près par l'infanterie de Streccius.

Cependant les Français, après avoir repassé la Meuse à Dun, se sont portés sur Buzancy. De là, ils espèrent arriver à Stenay assez tôt pour s'opposer au passage de la Meuse par les Allemands, ou, tout au moins, retarder leur marche. Mais, pendant qu'ils effectuent ce mouvement, les 4ᵉ et 8ᵉ divisions de cavalerie allemande, rendues à Étain dans la nuit du 20 au 21, se sont dirigées vers Consenvoye et Dun, et ont traversé la Meuse sur ces deux points, après avoir jeté un pont de campagne à Dun. La 4ᵉ division file sur Montfaucon et l'Argonne. La 8ᵉ a pour mission de harceler les forces françaises allant sur Buzancy.

. . . .

Sur la Moselle, les opérations se sont poursuivies en même temps dans la journée du 21.

Les Français ont réussi à se maintenir la veille dans leurs positions. Pendant la nuit, les forces allemandes se sont accrues des 6ᵉ, 9ᵉ et 14ᵉ divisions de cavalerie.

Dès le matin, l'artillerie de Meerscheidt-Hullessem,

augmentée des 6 batteries des divisions Garnier (6e) et Thiele (9e), ouvre le feu sur Belchamps et Bremoncourt. Son tir violent et bien réglé rend bientôt la situation intenable pour les Français, qui ne disposent que 10 batteries contre 20. L'infanterie allemande est lancée en avant, pendant que la cavalerie descend d'Haussonville vers Saint-Mard et Lorey, et de Finvaux vers Clayeures et Froville. Les bataillons français combattent au milieu d'une pluie de mitraille, cherchant à se maintenir en avant de Belchamps et de Bremoncourt, pour donner à l'artillerie le temps de traverser la Moselle à Bayon, et d'aller prendre position en face de cette ville sur les côtes de la rive gauche. Les divisions de Gressot et de Bœrio, aux prises avec les 4 divisions de cavalerie allemande, luttent au nord et au sud de Bayon. Mais la cavalerie allemande gagne sensiblement du terrain. Les troupes françaises complètement enveloppées, se retirent en désordre vers le pont de Bayon. Une partie seulement parvient à le passer. L'artillerie seule est entièrement sauvée ; mais la mêlée qui existe dans Bayon rend son rôle inutile. Les Français s'engouffrent sur le pont dont l'accès leur est bientôt interdit par les 12e et 6e divisions auxquelles n'a pu résister la cavalerie du général de Gressot. Deux bataillons d'infanterie, plusieurs compagnies de chasseurs à pied, et quelques escadrons de la brigade de Bœrio qui combattaient au sud de Bayon, sont faits prisonniers.

A l'extrême gauche allemande, la brigade Seeckt

qui s'est emparée de Moriville par une attaque de nuit, reprend le combat à 8 heures du matin contre Hadigny.

La 14e division (prince de Reuss), rendue sur le théâtre des opérations, joint ses 3 batteries aux 4 de Moriville. Cette artillerie va prendre position entre la route de Rambervillers à Charmes, et la ferme de Bedon. Le tir des Français gêne son installation. Elle réussit cependant à s'établir, et concentre ses feux sur les 4 batteries françaises d'Hadigny. La 14e division (3 brigades) de cavalerie allemande s'étant avancée par le chemin de Moriville à Zincourt, rencontre, sur la route de Châtel, les 2 brigades françaises qu'elle rejette sur Zincourt. — Deux régiments de la brigade Seeckt se sont élancés vers Hadigny où l'infanterie française n'a pu se maintenir. Poursuivis par la cavalerie et l'artillerie allemandes, les Français se sont jetés dans le bois des Évreux, où ils essaient de résister.

Tandis que la cavalerie française lutte à Zincourt, l'infanterie allemande pénètre dans le bois et oblige les bataillons français à se replier vers Domèvre-sur-Durbion. La colonne française, mise hors de combat, rentre dans le camp retranché d'Epinal.

La 12e brigade allemande est aussitôt dirigée vers Châtel et Charmes.

En résumé, le soir du 21, la dispersion du 6e corps français est un fait accompli. La fraction de ce corps qui a défendu la trouée de la Meuse, assaillie par la cavalerie ennemie et les troupes de Streccius qui ont passé la Meuse à Stenay, ne pouvant gagner l'Argonne dont l'accès est fermé par la 8ᵉ division allemande, se retire dans la direction de Vouziers. — La fraction qui a défendu la trouée de la Moselle, se trouve dispersée : une partie est rentrée dans le camp retranché d'Épinal ; le reste, comprenant les troupes qui ont échappé au désastre de Bayon, et celles qui ont été battues à Flavigny se sont réunies à Vezelise, en vue de gagner Colombey-les-Belles et Neufchâteau.

Les Allemands se sont assuré les passages des trouées de la Meuse et de la Moselle.

. . . .

Dernières nouvelles. — Pendant les opérations de la journée d'hier, entre Mézières-Verdun, et Toul-Épinal, la 11ᵉ division de cavalerie allemande (garde, 8 régiments), concentrée la veille à Metz envahissait la plaine de Woëvre, sillonnant les routes qui conduisent aux côtes de Meuse. Elle s'est montrée sur le chemin qui, détaché de la grande route de Metz à Verdun, aboutit dans la vallée de la Meuse à Dieue par Haudiomont; sur celui de Fresnes conduisant dans le vallon du Rupt-d'Amblonville. Des détachements ont gagné le vallon de Vaux par Saint-Rémy, celui de Seuzey par Saint-Maurice et Dampierre; d'autres se sont répandus dans la vallée de Spada par Gorze et Vigneulles. Enfin, une brigade a atteint Boucq, par Pont-à-Mousson, Flirey, Bernécourt, Ansauville et la Forêt de la Reine.

Dans la matinée du même jour, les deux équipages spéciaux de siège sont amenés par chemin de fer de Metz à Thiaucourt. Protégé par la cavalerie et les 3 bataillons du 4e Bavarois qui, du plateau de Haye, ont été envoyés sur l'ordre de Henduck à Bouvron, Woinville et Seuzey, ce matériel est dirigé contre les forts de Troyon, de Saint-Mihiel et de Gironville. Ce matériel est en outre précédé par 4 compagnies de pionniers. Il est réparti en trois groupes. Le premier : (6 canons lourds de 12; 10 canons courts de 15, et 4 mortiers rayés de 21) s'avance vers Troyon par Vigneulles, Hattonchatel, traverse les bois de Saint-Maurice, et, après avoir descendu le chemin de Saint-Rémy à Lacroix, s'arrête le soir à Vaux-lès-Palameix. — Le second, qui doit agir contre le Camp des Romains (10 canons lourds de 12; 20 canons courts de 15 et 8 mortiers rayés de 21) s'achemine vers Woinville par Pannes, Nonsard, Heudicourt et Buxières. — Le troisième (6 canons lourds de 12; 10 canons courts de 15, et 4 mortiers rayés de 21) atteint dans la soirée Ansauville par Pannes, Flirey et Bernecourt.

Dans la nuit du 21 au 22, la 2e brigade de la 11e division de cavalerie qui s'est engagée dans la vallée de Spada descend vers la Meuse qu'elle traverse au pont de Dompcevrin et s'empare de la position des Paroches.

25 juillet.

Le matin du 22, l'artillerie de siège allemande du 1er groupe a ouvert le feu sur le fort de Troyon avec ses six canons lourds de 12, qui se sont établis un peu au S. de Vaux-lès-Palameix, à 6,000 mètres du fort. Les batteries du fort ripostent aussitôt. Mais la grande distance rend le tir inefficace de part et d'autre. Cette feinte permet aux Allemands de prendre position avec 10 canons courts de 15 entre les bois de Rebauvaux et des Chenots, c'est-à-dire à 4,000 mètres du fort, où ils sont parvenus, masqués par les bois. Les Français concentrent leurs efforts vers cette batterie dont le tir est plus redoutable. La batterie de Vaux-lès-Palameix est alors dirigée au sud du bois des Chevaliers, à 3,500 mètres environ du fort où l'ont précédée les 4 mortiers rayés de 21.

L'attaque du fort du Camp des Romains a lieu à la même heure. Le matériel du 2e groupe s'est avancé de Woinville sur Buxerulles. Tandis que quelques pièces établies dans le bois de la Corvée-aux-Prêtres attirent l'attention de la garnison, le gros de l'équipage s'installe sur la lisière E. du bois de Grammont. Bientôt 26 pièces tonnent contre le Camp des Romains.

Ce jour-là, rien n'a été tenté contre Gironville. La fraction de l'équipage de siège qui, la veille, s'est arrêtée à Ansauville s'est seulement transportée à

Boucq, par le chemin qui s'embranche sur la route de Verdun à Toul au-dessous d'Ansauville. Elle a pris ce chemin pour dissimuler autant que possible sa présence aux batteries de Lucey. Mais, la nuit venue, elle a repris sa marche vers Corniéville, profitant de l'obscurité pour éviter le canon de Gironville. Descendue de Corniéville sur Aulnois, elle va s'établir au nord des bois d'Aulnois, et, dès le matin du 23, elle ouvre le feu contre le fort de Gironville.

. . . .

Pendant les journées du 22 et du 23, le 15e corps suspend sa marche en avant et s'établit solidement sur la rive gauche de la Meuse et de la Moselle, entre Mézières-Verdun et Toul-Épinal, jetant des ponts de campagne pour faciliter le passage aux armées qui se concentrent en arrière. Il se retranche dans l'Argonne. — Le 24, la cavalerie allemande s'est montrée à Sedan, où elle a coupé le chemin de fer reliant Mézières à Montmédy, à Stonc, Monthois, Suippes, Bar-le-Duc. Sur la Moselle, Mirecourt est tombé en son pouvoir. Elle s'est dirigée ensuite sur Darney et Monthureux par Ville-sur-Illon. Des détachements parvenus le 24 au soir à Jussey et à Amance, ont coupé la voie ferrée de Langres à Vesoul, et l'embranchement de Port-d'Allier à Épinal. D'autres se sont même avancés jusqu'à Saulx, sur la ligne Vesoul-Belfort, qu'ils ont détruite sur ce point.

3 août.

La mobilisation a été achevée le 20 en Allemagne et le 21 en France. Rien de particulier en Allemagne. En France, les réserves du 6e corps et les territoriaux de la 6e région n'ont pas été réunis sans difficulté et sans désordre. Il a fallu en effet modifier la destination de tout le monde, et désigner Châlons comme point de ralliement. De là des retards et des complications infinies pour arriver à mettre les troupes en état d'entrer en campagne.

Les Allemands, qui avaient gagné une avance d'un jour dans la mobilisation, ont augmenté cet avantage dans la concentration, grâce à l'intelligente organisation de leur réseau stratégique.

Les forces allemandes sont réparties en quatre armées.

La Ire, commandée par le général Pape est forte de 105,000 hommes. Elle en comptera 108,000, si le 7e corps la rejoint. Elle comprend les :

9e corps (Verdy du Vernois) avec la 17e division (Wartensleben) et la 18e (Massow), devant être concentré à Sierck, le 28 juillet, par la ligne de Hambourg, Osnabruck, Munster, Dusseldorf, Cologne, Call et Trèves.

10e corps (de Kameke) avec la 19e division (Drigalski) et la 20e (Olszewski), devant être concentré à

Richemont, le 25 juillet matin, par la ligne de Hanovre, Cologne, Call et Trêves.

3e corps (Waldersee) avec la 5e division (Loë) et la 6e (Larisch), devant être concentré à Uckange, le 25 juillet soir, par Berlin, Potsdam, Coblentz et Trèves.

8e corps (Thile) avec les 15e division (Lechzinski) et 16e division (Trenk), devant être concentré à Thionville, le 26 juillet, par les routes de terre.

4e corps (Salmuth) avec la 7e division (Laube) et la 8e (Grolman), devant être concentré à Metz, le 24 juillet soir, par Magdebourg, Francfort, Mayence, Kreuzenach, Sarrebruck.

La IIe armée (Blumenthal) compte 165,000 hommes. Elle comprend les :

16e corps, créé par la réunion à la division hessoise de régiments d'infanterie restés disponibles après la mobilisation (149 régiments sur 161 ont été utilisés pour la formation des 18 corps d'armée), et commandé par le prince Louis, Adalbert Waldemar, comprend la 25e division hessoise (Radecke) et une nouvelle division, la 32e (Engelhard). Sa concentration doit être terminée le 24 juillet matin, par Darmstadt, Mayence, Sarrebruck, Metz et Thiaucourt.

2e corps bavarois (Walther) avec les 3e et 4e divisions bavaroises, devant être concentré à Remilly, le 25 juillet soir, 1e par Wurtzbourg, Mosbach, Heidelberg, Haguenau, 2e par Crailsheim, Heilbronn, Heidelberg, Spire.

5e corps (Stielhe) avec les 9e division (Bogun de Wangenheim) et 10e division (Alvensleben), devant être concentré à Brulange, le 25 juillet, par Gorlitz, Leipsig, Wurtzbourg, Carlsruhe et Wissembourg.

12e corps (prince royal de Saxe) avec les 23e division (prince George) et 24e division (Nerhoff), devant être concentré à Fenestrange, le 27 juillet soir, par Dresde, Leipsig, Bebra, Fulda, Francfort, Mayence, Kaiserslautern, et de là, par étapes à Fenestrange.

Et la *Garde Impériale* (Brandenbourg II) avec les 1re division (Kleist) et la 2e (Oppell), devant être concentré à Metz, le 27 juillet, par Berlin, Potsdam, Coblentz, Trèves et Metz.

La IIIe armée (prince de Wurtemberg), 165,000 hommes, comprend les :

14e corps (Obernitz) avec les 28e division (Oppeln Bonikowski) et 29e division (Dorndorf), devant être amené par étapes de Carlsruhe à Schirmeck, au pied du Donon, le 24 juillet soir.

13e corps, avec les 26e et 27e divisions, devant être concentré à Sainte-Marie-aux-Mines, le 24 juillet soir, par Stuttgard, Carlsruhe, Strasbourg et Schlestadt.

1er corps bavarois (Pappenheim), avec les 1re et 2e divisions bavaroises, devant être concentré à Munster, en face le col de la Schueld, le 24 juillet soir, par Munich, Ulm, Huningue, Mulhouse et Colmar.

11e corps (Schloteim) avec la 21e division (Bœhn) et la 22e (Unger), devant être concentré à Château-Salins, le 25 juillet, par Cassel, Fulda, Francfort, Manheim et Neustadt.

6ᵉ corps (Wichmann) avec la 11ᵉ division (Von der Burg) et la 12ᵉ (Scheinitz), devant être concentré à Mulhouse, le 27 juillet, par Dresde, Zwickau, Neuenmarkt, Nuremberg, Carlsruhe, Rastatt et Fribourg.

Enfin, la IVᵉ armée (Treskow) s'organise avec les 4ᵉ bataillons formés à la suite de la mobilisation et les bataillons de Landwehr. Elle compte 292,000 hommes, répartis entre 9 corps d'armée, constituant en quelque sorte la réserve des trois autres armées. Ces 9 corps, numérotés de 17 à 25, sont à deux divisions numérotées de 33 à 50.

Ainsi, les forces allemandes, concentrées à la frontière du 23 au 28, se composent d'environ 530,000 hommes, qui seront promptement renforcés par les 292,000 hommes de la IVᵉ armée. (Ne pas oublier que les Allemands ont 2 corps d'armée (1ᵉʳ et 2ᵉ) en observation sur la Baltique et le 7ᵉ sur la frontière belge). Derrière cette armée d'attaque, l'Allemagne va pouvoir mettre sur le pied de guerre, au fur et à mesure des besoins, les deux millions d'hommes instruits (3 ans de service) qui lui restent, et qu'elle désigne sous le nom de troupes de remplacement. Si, ce qui n'est guère probable, ces deux millions d'hommes ne suffisaient pas à combler les vides des armées de campagne et de réserve, ce pays dispose encore de troupes de dépôt, chargées d'assurer le remplacement des officiers, des hommes, des chevaux et du matériel que l'armée de campagne perdrait au cours des opérations. Ces troupes s'élèvent à près de trois millions d'hommes. Si donc les événements l'exigent, cinq millions et demi de soldats allemands sont prêts à concourir en temps utile à la défense de leur patrie.

. . . .

A la suite de l'invasion inattendue et irrésistible du territoire par la cavalerie allemande toute entière, l'armée française, craignant d'être surprise en pleine voie de formation a choisi pour sa concentration des points très en arrière de sa frontière fortifiée. La rapidité de la mobilisation et de la concentration allemande a d'ailleurs justifié cette mesure. Les Français, à peu près certains d'être en retard sur les Allemands, avaient compté sur le 6e corps pour intercepter les trouées, et leur permettre d'arriver en ligne, à leur jour, derrière leur frontière fortifiée. Mais, ils avaient compté sans l'irruption soudaine de la cavalerie allemande et sans la dispersion du 6e corps par des forces bien supérieures.

Hélas! ils avaient compté également sans l'Italie qui, décidément, veut la guerre. Non seulement les explications demandées par l'ambassadeur français ont été mal accueillies, mais encore une complication irrémédiable vient de se produire. Entre Fréjus et Modane, un poste italien s'est livré à des manifestations hostiles contre le poste français de Modane, Des voies de fait ayant eu lieu, les fusils sont partis tout seuls. Le gouvernement italien, sommé de punir les coupables, refuse de donner satisfaction, rejetant la responsabilé sur le poste français. Il refuse en même temps de donner des explications sur les mouvements insolites de troupes qui ont été signalées au gouvernement français. C'est donc la guerre.

. . . .

Les forces françaises sont réparties en quatre armées. Les trois premières opèrent contre l'Allemagne, la quatrième est dirigée contre l'Italie qui vient de déclarer la guerre.

La Ire armée (165,000 hommes, et, sans le 1er corps, 132,000 seulement), comprend les :

1er corps, avec les 1re et 2e divisions, qui reste provisoirement en observation sur la frontière belge.

2e corps, avec les 3e et 4e divisions, devant être concentré à Rethel, le 24 juillet soir, par Amiens, La Fère, Laon, Reims et Rethel.

4e corps, avec les 7e et 8e divisions, devant être concentré à Rethel, le 25 juillet soir, par Le Mans, Chartres, Ceinture, Saint-Denis, Soissons et Reims.

3e corps, avec les 5e et 6e divisions, devant être concentré à Vervins, le 25 juillet soir, par Rouen, Vernon, Mantes, Pontoise, Compiègne, La Fère et Laon.

10e corps, avec les 19e et 20e divisions, devant être concentré à Rethel, le 30 juillet soir, par Rennes, Laval, Alençon, Evreux, Mantes, Pontoise, Compiègne, La Fère, Laon et Reims.

La IIe armée (132,000 hommes) comprend les :

5e corps, avec les 9e et 10e divisions, devant être concentré à Vitry-le-François, le 24 juillet au matin, par Orléans, Etampes, Ceinture, Meaux, Epernay.

9e corps, avec les 17e et 18e divisions, devant être concentré à Saint-Dizier, le 27 juillet matin, par Tours, Blois, Orléans, Etampes, Ceinture, Meaux, Epernay, et Vitry-le-François.

18e corps, avec les 35e et 36e divisions, devant être concentré à Joinville, le 30 juillet matin, par Bordeaux, Angoulême, Poitiers, Tours, Blois, Orléans, Etampes, Ceinture, Meaux, Epernay, Vitry-le-François et Saint-Dizier.

11e corps, avec les 21 et 22e divisions, devant être concentré à Châlons, le 29 juillet soir, par Nantes, Angers, le Mans, Chartres, Ceinture, Saint-Denis, Soissons et Reims.

La IIIe armée (132,000 hommes) comprend les :

7e corps, avec les 13e et 14e divisions, devant être concentré à Vesoul, le 23 juillet, par Bourg, Lons-le-Saulnier et Besançon.

8e corps, avec les 15e et 16e divisions, devant être concentré à Langres, le 23 juillet, par Bourges, Nevers, Montchanin et Dijon.

12e corps, avec les 23e et 24e divisions devant être concentré à Neufchateau le 30 juillet matin, par Perigueux, Limoges, Châteauroux, Bourges, Nevers, Gien, Montargis, Sens, Troyes et Chaumont.

17e corps, avec les 33e et 34e divisions, devant être concentré à Chaumont, le 2 août soir, par Toulouse, Agen, Perigueux, Limoges, Châteauroux, Bourges, Nevers, Gien, Montargis, Sens et Troyes.

C'est à l'infériorité du réseau stratégique français qu'il faut attribuer la lenteur surprenante de cette concentration. Trois corps d'armée, les 5ᵉ 9ᵉ et 18ᵉ, n'ont qu'une même ligne pour rejoindre la frontière.

Les 3ᵉ et 10ᵉ se servent également de la même ligne; il en est de même pour les 4ᵉ et 11ᵉ et pour les 12ᵉ et 17ᵉ corps.

La IVᵉ armée (132,000 hommes) comprend les 13ᵉ, 14ᵉ, 15ᵉ et 16ᵉ corps. Des ordres sont donnés pour que le 19ᵉ corps (Algérie) fournisse un appoint à la IVᵉ armée.

La concentration italienne s'effectue lentement. Les Français ont déjà pris l'offensive, avec un corps d'armée qui a franchi le col de Largentière

. . . .

Voici les nouvelles du théâtre de la guerre depuis le 24 juillet.

Les troupes du 15ᵉ corps allemand, échelonnées le long des deux trouées se sont effacées devant les armées allemandes auxquelles elle ont facilité l'accès de la zone des opérations. Quant à la cavalerie, elle a percé de toutes parts le mince rideau que de Galliffet lui avait opposé.

La base de concentration des 3 armées allemandes doit s'étendre :

Pour la Iʳᵉ, de Sierck à Metz ;

Pour la IIᵉ, de Metz à Fenestrange ;

Pour la IIIᵉ, de Château-Salins à Mulhouse;

Avec un développement total de 280 kilomètres.

La base de concentration des 3 armées françaises primitivement adoptée devait s'étendre :

Pour la Ire, de Mézières à Rethel;
Pour la IIe, de Châlons à Joinville ;
Pour la IIIe, de Chaumont à Vesoul ;
Avec un développement total de plus de 400 kilomètres. Elle a subi nécessairement des modifications dont je vous parlerai plus loin.

D'après le plan général des opérations, la Ie et la IIe armée allemandes doivent marcher sur Paris.— Celle qui est concentrée entre Sierck et Metz s'efforcera de traverser la Meuse, entre Mézières et Verdun, avant l'arrivée des Français. — L'armée du centre franchira la Moselle entre Metz et Nancy, et, une fois sur le plateau de Wœvre, enlèvera de haute lutte les forts de Troyon, Camp des Romains et de Gironville, déjà aux prises avec les équipages spéciaux de siège de Metz et Strasbourg. Elle forcera ensuite les passages de la Meuse, entre Verdun et Toul. — L'armée concentrée de Château-Salins à Mulhouse marchera vers la trouée de la Moselle, entre Toul et Epinal. Elle devra, comme la Ire, gagner les Français de vitesse pour profiter du succès du 15e corps.

Le 24 juillet, Pape est arrivé à Thionville, Blumenthal à Metz, et le prince de Wurtemberg à Sarrebourg. L'Empereur, rendu à Strasbourg le 26, adresse à l'armée la proclamation suivante :

« Je viens me mettre à la tête de la Nation allemande, armée pour relever la provocation que lui a lancée le Gouvernement français. J'accepte toutes les conséquences d'une guerre que j'ai loyalement cherché à éviter. Les excitations incessantes d'un peuple ambitieux et turbulent ont porté atteinte à la dignité et à la sécurité de l'Empire. Notre cause est donc juste : que chacun fasse son devoir, Dieu nous soutiendra et nous vaincrons! »

. . . .

Les Allemands, maîtres du territoire à droite de la Meuse et de la Moselle, de Mézières à Toul et de Flavigny à Épinal (sauf, bien entendu le champ de tir des forts d'arrêt), la zone de concentration de leurs corps d'armée se trouve, de ce fait, poussée jusqu'à ces deux cours d'eau.

Les chefs des trois armées allemandes, sûrs de ne pas être inquiétés dans leurs formations, dirigent leurs troupes, au fur et à mesure de l'arrivée au point de concentration primitif, sur la Meuse et la Moselle, dont ils espèrent que les Français n'auront pu reconquérir les passages. L'activité de la cavalerie allemande a d'ailleurs très bien servi ces intentions. A dater du 24, non seulement toutes les places et forts d'arrêt de Verdun à Épinal, ne peuvent plus communiquer avec l'intérieur, mais des détachements de cavalerie ont réussi à troubler les opérations de concentration des corps français. La IIe armée française n'a plus, pour points de débarquement que Châlons et Vitry-le-François, l'embranchement de Vitry à Chaumont ayant été coupé au-dessus de Saint-Dizier.

L'avantage imprévu obtenu par les Allemands, entraîne la modification des opérations de concentration de part et d'autre.

La nouvelle logistique adoptée par les armées en présence est la suivante :

Ire *Armée allemande.* Le 4e corps, qui devait s'arrêter à Metz, débarquera à Étain. Il y arrive dans la soirée du 24. Le 25, il se remet en marche vers la Meuse, par la route d'Azannes. La faible garnison de Verdun (territoriaux) est maintenue par la brigade Streccius qui a reçu l'ordre de rétrograder et de s'établir au N. de la place. Le 4e corps se divise en deux colonnes à Azannes. L'une (7e division) se dirige sur Vilosnes, par Damvillers et Sivry ; l'autre (8e division) se porte sur Consenvoye par Flabas et Samogneux. Elles atteignent ces points le 25 au soir. Le 26, la 7e division est à Apremont, la 8e à Varenne au pied de l'Argonne, où elle pénètre le lendemain.

Le 8e corps, qui devait s'arrêter à Thionville, opère comme suit : la 16e division, arrivée le 22 à Thionville, entre à Stenay le 26, dans l'après-midi, ayant passé par Hayange, Aumetz, Boismont, Longuyon, et Jametz. Le 27, elle traverse la Meuse à Sassey, atteint Brisquenay par Andevanne, Rémonville et Sivry-les-Buzancy. La 15e division, parvenue le 26 à Thionville, se rend à Stenay par la même voie et arrive le 30 au soir. Elle se dirige le lendemain sur Thenorgues par Buzancy.

Le 10e corps qui devait s'arrêter à Richemont va coucher dès le 25 à Briey, en passant par Auboué ; le 26, il poursuit sur Mangienne par Landres, Spincourt, Rouvrois, et arrive à Dun le 27 au soir, après avoir traversé Romagne, Damvillers et Bréhéville. Le

29, la 19e division gagne Grand-Pré, par Banthéville, Landres et Saint-Juvin; la 20e division passe la Meuse à Vilosnes, et se dirige sur Chevières par Montfaucon, Eclissefontaine et Fléville.

Le 3e corps qui devait s'arrêter à Uckange, continue sur l'embranchement Thionville-Mézières, et descend, dans la nuit du 25 au 26 à Longuyon. Il marche aussitôt sur Stenay, par Marville et Jametz, traverse la Meuse et couche le 27 à Buzancy.

Le 9e corps, qui devait s'arrêter à Sierck, continue sur Thionville, et descend à Longuyon dans la nuit du 28 au 29. Le 29 au soir, il est à Stenay. Le lendemain, la 17e division passe la Meuse à Stenay, et la 18e à Mouzon. Elles se rejoignent le 30 à Sy et Verrières.

Ire Armée française. Les Français ont, de leur côté modifié leur plan primitif. Tandis que les Allemands se concentrent plus en avant, ils décident que les corps concentrés les premiers choisiront leurs positions, mais resteront l'arme au pied en attendant l'achèvement complet de la concentration. On a cru sage de ne pas renouveler la tactique de 1870, en faisant prendre immédiatement l'offensive par des corps séparés.

Le 2e corps, concentré le 24 à Rethel, atteint Vouziers le 25, non sans avoir été inquiété sur sa droite par de nombreux partis de cavaliers allemands descendus de l'Argonne.

Le 4e corps, concentré à Rethel le 25 au soir, se rend, le 26 à Vouziers.

Le 3e corps, concentré le 25 à Vervins, arrive à Rethel le 27 au soir, par Rozoy.

Le 10e corps, concentré à Rethel le 30 au matin, marche sur Attigny dans la journée du 31.

IIe Armée allemande. Le 16e corps, qui devait s'arrêter à Metz le 24, poursuit sur Thiaucourt, où il débarque le même jour à dix heures du matin. Il franchit le défilé de Spada et atteint Lahaymeix à neuf heures du soir.

Le 2e corps bavarois, débarqué à Remilly le 25 au soir, est à Pont-à-Monsson le 26, à Mesnil-la-Tour le 27, traverse le 28 la Meuse à Pagny et à Sorcy, après avoir franchi les défilés de Trondes et de Corniéville, couvert contre les batteries de Lucey par l'artillerie de campagne qui a pris position à Boucq. Cette artillerie, bien que renforcée par quelques pièces de siège détachées du matériel posté contre Gironville, est fortement éprouvée par les feux très bien dirigés du fort. Mais le corps d'armée n'en force pas moins le passage, et arrive le 28 à Void.

Le 5e corps, débarqué à Brûlange le 25 au soir, atteint Manhoué le 26, Dieulouard le 27, Mesnil-la-Tour le 28, et franchit les défilés de Trondes et de Corniéville dans les mêmes conditions que le 2e corps Il est à Void le 29.

Le 12e corps, arrivé à Fenestrange le 27 au soir, est à Chambrey le 28, à Dieulouard le 29, à Mesnil-la-Tour le 30, et, comme les deux précédents, force les défilés de Trondes et de Corniéville. Il est à Void le 31.

La Garde, qui devait débarquer à Metz le 27, descend à Thiaucourt, franchit le défilé de Spada, et arrive le 28 à Lahaymeix.

IIe Armée française. Le 5e corps, concentré à Vitry le 24 au matin, atteint Revigny le même jour.

Le 9e corps, qui devait être concentré à Saint-Dizier est à Vitry le 27 au matin, et à Sermaize le même jour.

Le 18e corps, qui devait être concentré à Joinville, est à Châlons le 30 au matin.

La concentration de ces deux corps a dû être opérée en arrière, par suite de la rupture de la voie ferrée au-dessus de Saint-Dizier (page 205).

Le 11e corps concentré à Châlons le 20 au soir, est à Vitry le 30.

IIIe Armée allemande. Le 14e corps rendu à Schirmeck le 24 au soir, est à Badonviller le 25, à Xaffevillers le 26, et à Charmes le 27.

Le 13e corps, rendu à Sainte-Marie-aux-Mines le 24 au soir, est à Saint-Dié le 25, à Rambervillers le 26, et à Châtel les 27.

Le 1e corps bavarois, rendu à Munster le 24 au soir, et à Gerardmer le 25, à Gugnécourt le 26 et à Châtel le 27.

Le 11e corps, rendu à Château-Salins le 25 au soir, est à Nancy le 26, et à Flavigny le 27.

Le 6e corps, rendu à Munster le 27 au soir, est à Gerardmer le 28, à Gugnécourt le 29 et à Châtel, le 30.

IIIe Armée française. Le 7e corps, concentré à Vesoul

le 23 au soir, atteint Luxeuil le 24, Bains le 25, Dompaire le 27 seulement, retardé dans sa marche par la cavalerie allemande.

Le 8e corps, concentré à Langres le 23 au soir, passe par Lamarche et arrive à Mirecourt le 27 au soir, ayant été, comme le 7e, constamment harcelé par la cavalerie ennemie.

Le 12e corps devait être concentré à Neufchâteau le 30 au matin et gagner Mirecourt où il serait arrivé dans la journée du 1er août.

Le 17e corps qui avait Neufchâteau pour destination a dû s'arrêter à Chaumont, où il n'est arrivé que le 2 août soir.

Il résulte de cette énumération que les Allemands disposeront, pour les premières batailles, de 3 corps d'armée de plus que les Français.

Ainsi que je l'ai dit plus haut, le mot d'ordre dans les armées françaises est d'attendre l'achèvement de la concentration, et d'éviter tout choc partiel. Mais les Allemands, certains de réunir toutes leurs forces sur le théâtre des opérations avant la formation complète des armées françaises, sont décidés à déjouer e dessein, et l'ordre est donné à chaque corps d'ataquer au fur et à mesure qu'il prendra le contact avec l'ennemi.

. . . .

Jusqu'au 26 juillet, les 4e, 7e, 8e, et 10e divisions de cavalerie allemande ont entravé la marche du • corps français de Rethel sur Vouziers. Le lendemain, elles essayent de s'opposer au mouvement qu'exécute ce corps sur Monthois avec le secours de la division d'Espeuilles. Le 2ᵉ corps n'occupe cette localité qu'après un violent combat contre les batteries des divisions allemandes établies sur la rive droite de l'Aisne, à l'O. d'Olizy et de Mouron.

Instruit de la marche en avant du 2ᵉ corps, le général Pape dont le quartier général a été transporté le 26 à Damvillers, donne l'ordre à Salmuth (4ᵉ corps) d'occuper solidement le 27 la pointe N. de l'Argonne, et d'attaquer les Français dès qu'il les rencontrera.

Salmuth traverse l'Argonne le 27, et, dans la soirée, ses deux divisions atteignent : la 7ᵉ (Laube) Termes, par Châtel et Lançon ; la 8ᵉ (Grolman) Montcheutin, par Servon et Binarville, après avoir traversé l'Aisne à Autry.

Cependant, le 2ᵉ corps français, malgré l'opposition de la cavalerie allemande, a réussi à s'emparer des positions d'Olizy et de Mouron.

Les 7ᵉ, 10ᵉ, et 4ᵉ divisions de cavalerie allemande sont le 27 soir entre Montcheutin et Sechault dans le bois de Forge, et au château des Franasfossés, le gros occupant Bouconville. La 8ᵉ est à Grand-Pré et Talma, au S. du bois de Bourgogne.

Le même jour, Pape porte son quartier général à Buzancy, et, dans la soirée, la moitié de son armée est concentrée sur l'Aisne. Il est informé que deux corps français sont déployés en avant de Vouziers et de Challerange. Mais il n'est nullement fixé sur les renforts qu'ils pourront recevoir le lendemain. Cependant, bien qu'il n'ait pas à compter sur le 10e corps avant le 29 au soir, ni sur la 15e division du 8e corps, ni sur le 9e corps avant le 30 au soir, il n'hésite pas à ordonner l'attaque, conformément à l'esprit des instructions reçues. — Le 4e corps cherchera à déloger l'ennemi d'Olizy et de Mouron, et à le refouler sur Vouziers; ce corps sera secondé sur sa gauche par les 4e et 7e divisions de cavalerie, qui s'efforceront de tourner l'ennemi, et de l'empêcher de s'établir, en cas de retraite, sur les positions de la rive gauche de l'Aisne, à l'O. de Montbois, et d'une façon générale de s'étendre vers le S. La 10e division de cavalerie fera demi-tour et descendra vers le S. à travers la vallée de la Biesme, contournera l'Argonne par Clermont, et se rendra à Triaucourt pour se mettre à la disposition du commandant de la IIe armée allemande. La 8e division de cavalerie s'avancera sur Vouziers, par la route de Metz à Paris et essaiera de déborder la gauche du 2e corps français. Le 3e corps marchera de Buzancy vers la Croix-aux-Bois, dont il s'emparera. La 2e division de cavalerie, postée avec la 3e au Chêne-Populeux, coopérera à ce mouvement, pendant qu'une brigade de cette dernière couvrera la droite allemande, envoyant des détachements vers le N., pour couper la voie ferrée entre Mézières et Rethel. Enfin la 16e division du 8e corps, ayant une brigade à Briquenay, l'autre à Beffu, sera en réserve entre le 3e et le 4e corps. — Les rapports seront adressés à Beffu.

. . . .

Le 28 au matin, Pape se rend aux avant-postes du 4e corps, qui s'étendent de la Bergerie, au nord de Termes, à Vaux-les-Mourons, à l'ouest de Montcheutin. Il se rend ensuite au 3e corps, dont les avant-postes s'étendent de Châtillon-sur-Bar à Boult-aux-Bois, en passant par Belleville, le gros des divisions Loë et Larisch ayant pris position à l'ouest de ces deux villages. Sur ces points, l'action est déjà engagée.

Le régiment n° 20 de la 11e brigade a été dirigé vers la ferme des Plaines, sur la route de Vouziers. Accueilli par le feu des tirailleurs français postés sur la lisière de la forêt de Boult, il s'est emparé de ce point, et s'est déployé à droite et à gauche de la route de Vouziers, protégé par des batteries établies en avant de Boult.

A droite, la brigade Lewinski, de la division d'infanterie Loë, lutte dans la direction des Quatre-Champs. Ces troupes, comme celles de Larisch, soutiennent un combat sous bois, appuyées par les batteries de Boult.

Les Français ont des batteries à l'est des Quatre-Champs et de la Croix-aux-Bois, dont le feu arrête pendant une partie de la journée l'infanterie allemande. Le combat sous bois s'étant généralisé, les deux artilleries cessent le feu. Vers midi, l'aile gauche du 4e corps français faiblit sous la double attaque de la 5e division allemande dont l'artillerie a pris position sur la lisière est des bois Vaumaillard, au-dessus de Noirval, et des batteries à cheval de la

2e division de cavalerie et de 2 brigades de la 3e, descendues du Chêne-Populeux par la route de Mézières à Vouziers; ces dernières ont ouvert le feu au sud des Alleux contre l'artillerie française de la Conserverie. La division de Charreyron, secondée par la 4e brigade de cavalerie du 4e corps, se porte par Terron aux Alleux, où est massée la cavalerie allemande, et une partie de la réserve du 4e corps, est dirigée contre Noirval dont Loë s'est emparé. Cette infanterie tente un effort vigoureux sur Noirval. Mais, insuffisamment protégée par l'artillerie de la Conserverie qui lutte contre les batteries allemandes (Vaumaillard et Alleux), elle doit se replier sous le feu de l'infanterie ennemie qui a contourné la Fournelle par Châtillon et s'est portée dans le bois Vaumaillard.

A 2 heures, l'artillerie de la Conserverie est réduite au silence par des feux convergents. Les régiments de Loë sortent des bois, s'élancent contre les Quatre-Champs, et y pénètrent, malgré la vive résistance de l'infanterie française.

A la même heure, les deux cavaleries ennemies sont aux prises au nord de Terron. Celle des Allemands est d'abord assez maltraitée par les batteries à cheval des Français, qui en se postant à l'est de Terron, se trouvent en mesure de contre-battre, en même temps l'artillerie allemande des Alleux. Mais les escadrons de Charreyron, si éprouvés par les combats d'Étain et de Damvillers, ne peuvent résister aux charges réitérées des Allemands dont la supériorité numérique est écrasante. Dès lors, toute la gauche française se retire en combattant dans la direction de Vouziers.

La droite du 4e corps français qui avait résisté jusqu'à ce moment, occupant la Croix-aux-Bois, commence à plier devant la division Larisch, renforcée par la brigade Kruger qui, de Briquenay, est parvenue au bois de la Belle-Épine et a rejeté les Français dans Longwé. Les batteries allemandes de Boult ont gagné le point dit La Lunette, sur la route de Montmédy, à mi-chemin de Boult et de La Croix; de là, elles dirigent un tir efficace sur ce dernier village.

A 5 heures, le 4e corps, complètement débordé, bat en retraite sur Vouziers. La lutte ayant eu lieu sous bois, a été des plus pénibles, et une grande confusion en est résultée pour les unités engagées par le 3e corps allemand. Cette circonstance a obligé Waldersee a reformer son corps avant de poursuivre sur Vouziers. Cette opération terminée, il s'échelonne de Terron à Falaise sur les hauteurs de la rive droite de l'Aisne.

Les troupes de Salmuth (à la gauche du 3e corps allemand), ont eu l'avantage sur le 2e corps français. Dès le matin, l'artillerie de Montcheutin canonne Challerange et le bois de la Sarthe, à l'est d'Olizy. Deux bataillons de la brigade Strumpel s'élancent de Termes contre les bois de la Sarthe. La brigade Schmeling, descendue de Montcheutin, est aux prises, à la ferme de Joyeuse, avec la droite du

2e corps français. Le combat devient général sur les deux rives de l'Aisne. Toute l'artillerie française est engagée. Des croupes qui dominent Mouron et Olizy, elle tire avec avantage jusqu'à 11 heures sur celle des Allemands. Les batteries de Mouron parviennent en même temps à faire des ravages dans l'infanterie de la division Grolman, et à faire avorter son attaque contre les fermes de Joyeuse et des Rosiers.

A la droite, les régiments de la 7e division parvenus sur le plateau entre Termes et le bois de la Sarthe, sont obligés de rétrograder sous le feu violent des Français embusqués dans ce bois. Aussitôt, Salmuth fait avancer la 32e brigade (16e division du 8e corps), qui avait été envoyée à Belfu, et qui, au début de l'action, s'est portée en avant de Grand-Pré. Il renforce son artillerie des 6 batteries à cheval des 7e et 4e divisions de cavalerie, et des 3 batteries de la 8e division massée à Grand-Pré. Cet appoint de 54 bouches à feu réparties de la pointe est du bois de la Sarthe à Montcheutin, rend l'avantage aux Allemands. L'infanterie fraîche de la 32e brigade, s'élançant sur la route de Grand-Pré à Vouziers, pénètre dans le bois de la Sarthe, malgré une vive fusillade. A la gauche, Grolman attaque de nouveau la ferme et le château des Rosiers. Des bois environnants, les Français, séparés de l'adversaire par le ruisseau de Sugnot, luttent avec énergie, jusqu'au moment où l'artillerie de Montcheutin les force à se retirer derrière l'Avègres. A ce moment

(2 heures), les 2 divisions de cavalerie allemande, postées à Bouconville, renforcées de 2 brigades de la 8e division envoyées de Grand-Pré, exécutent par Séchault et Ardeuil, un mouvement enveloppant, malgré l'opposition de la division d'Espeuilles et de la brigade de cavalerie du 2e corps au sud de Monthois.

Attaqués de front par l'infanterie, pris en flanc par une nombreuse cavalerie, et menacés de se voir tournés, les Français repassent l'Aisne à Olizy et Brécy, tandis que sur leur droite, la 4e division résiste dans Challerange et Monthois à toute l'aile gauche allemande, renforcée de la brigade Rochlitz (4e corps), dégagée par la retraite des Français sur la rive gauche de l'Aisne.

A 4 heures, l'artillerie allemande remplace celle des Français à Mouron et Olizy. De là elle crible Monthois, et balaie la route de Vouziers, malgré les batteries françaises qui ripostent des mamelons au S. de Savigny. Après une résistance acharnée, les Français abandonnent Monthois, se replient sur Saint-Morel, et, après avoir détruit les ponts d'Olizy et de Brecy, occupent les hauteurs de Semide et Contreuves, en avant de la route de Vouziers à Paris.

Salmuth arrête le combat, et installe ses deux divisions et la 38e brigade du 8e corps dans le triangle Monthois, Liry et Marvaux. La 31e brigade du 8e corps remplace la 32e à Olizy. La cavalerie pousse jusqu'à Somme-Py.

Dans la soirée, les détachements envoyés de la 18

brigade de cavalerie (3e division), pour couper la voie ferrée de Rethel à Vouziers, signalent une colonne française sur la route de Rethel à Vouziers. C'est le 3e corps français qui, malgré une marche forcée, n'a pu arriver à temps pour appuyer les 2e et 4e corps.

Pape prévoit que les Français vont essayer de reprendre Monthois dont la perte empêche leur jonction avec leur IIe armée. Il ordonne en conséquence à la 6e division du 3e corps de se mettre en marche dès le lendemain matin, de traverser l'Aisne au-dessous de Termes, et de se rendre à Sechault et Ardeuil.

. . . .

Journée du 29 — Pape n'ayant à compter sur l'arrivée du 10e corps que dans la soirée, fortifie ses troupes dans les emplacements à l'abri des batteries installées à Olizy et sur les crêtes qui surplombent Vouziers. Il fait jeter des ponts sur l'Aisne.

Les Français obligés d'enfreindre, le jour précédent, l'ordre qu'ils avaient reçu de ne pas attaquer avant la concentration totale de leurs forces, se tiennent sur la défensive. Ils renoncent à reprendre Monthois pour le moment, et dans la crainte que toute l'armée allemande réunie ne les contraigne à recommencer le combat avec désavantage, ils ne tentent pas non plus de s'engager sur la route de Châlons, pour tendre la main à la IIe armée. Ils font sauter le pont de Vouziers, et se retirent, le 3e corps à Machault, le 4e à Quilly et Coulommes. Le 2e reste à Semide et Contreuves.

. . . .

Journée du 30. — Le 10ᵉ corps allemand, arrivé la veille à Grand-Pré, est dirigé sur Somme-Py et Sainte-Marie-à-Py. La 6ᵉ division du 3ᵉ corps, et la 32ᵉ du 8ᵉ corps remplacent à Liry et Marvaux le 4ᵉ corps, qui s'est avancé jusqu'à Orfeuilles, et qui a sa 7ᵉ division à Blanc-Mont, à mi-chemin de Somme-Py et de Saint-Etienne. Le soir, la 15ᵉ division du 8ᵉ corps rendue à Chestres s'y arrête, et le 9ᵉ corps bivouaque au Chêne-Populeux.

Dans le même temps, le 10ᵉ corps français est signalé à Attigny.

Ainsi, le 30 au soir, étaient en présence : 4 corps d'armée français, dont deux entamés par les combats du 28, et 5 corps allemands.

La veille, le 7ᵉ corps allemand, laissé jusque-là sur la frontière belge pour y faire une feinte, a été rembarqué dès le matin à Aix-la-Chapelle, et dirigé sur Longuyon, où il doit arriver le 31. — Le 1ᵉʳ corps français dont la mission devient sans objet, effectue son changement de front le 30, et atteint Hirson et Vervins dans la soirée.

Quelques engagements sans importance ont eu lieu, le 29 et le 30, entre les deux armées. Des détachements de cavalerie allemande ont pu se rendre compte en poussant jusqu'à Bétheniville et Châlons au Sud, qu'aucun corps français n'était dans ces directions.

. . . .

Journée du 31. — Depuis la veille, le quartier général du chef de la 1ʳᵉ armée allemande est à Manre, au sud de Marvaux. L'inaction des Français pendant les deux derniers jours a servi merveilleusement les projets de Pape. Les mouvements de son armée ont été masqués par la cavalerie.

Le chef de l'armée française a réparti presque toutes ses forces sur des positions parallèles au cours de l'Aisne, d'Attigny à Semide. Il ignore évidemment l'importance des masses allemandes qui se trouvent sur sa droite. Un seul corps, le 3e, placé à Machault, lui a paru suffisant pour maintenir l'extrême gauche allemande, et garder les routes conduisant à Reims. dans le cas d'un échec dans les plaines de Vouziers. C'est dans ces plaines qu'il attend le gros de la Ire armée allemande, et qu'il compte l'arrêter. Les entreprises des 2e et 3e divisions de cavalerie allemande aux alentours d'Attigny, le rétablissement immédiat des ponts de Semuy, de Voncq et de Vouziers, et l'établissement de ponts de campagne entre ces derniers points lui ont suggéré cette pensée. Il n'a vu dans la prise de Monthois qu'une diversion destinée à masquer une attaque générale au nord de Vouziers.

Dans la nuit du 30, le général Verdy du Vernois reçoit l'ordre d'attaquer le 4e corps français dès le matin. Ses deux divisions passeront l'Aisne, la 18e à Semuy, la 17e à Voncq. — La 15e division du 8e corps entrera dans Vouziers, ainsi que la 5e division du 3e corps qui donnera la main à la 17e du 9e corps. La 15e devra se porter sur la route de Vouziers à Rethel ayant à sa gauche la 16e division du 8e corps dont les deux brigades venues d'Olizy et de Monthois, ont pris position au nord de Savigny-sur-Aisne. Le 8ᵉ corps se trouvant ainsi réuni, opérera contre le 2ᵉ corps français, avec l'appui de la division Larisch du 3ᵉ corps, établie au Nord de Liry. Enfin, l'action étant engagée sur la droite, le corps de Salmuth entamera le combat contre Machault. Sa mission consiste uniquement à se maintenir à Orfeuilles et Blanc-Mont. Il sera d'ailleurs soutenu au besoin par le 10ᵉ corps établi à Somme-Py et à Sainte-Marie-à-Py.

Chaque chef de corps d'armée est avisé des instructions transmises aux autres corps. Le but de Pape est de laisser croire aux Français que l'armée allemande va porter son effort principal au nord de Vouziers, et d'attirer de ce côté les corps non encore concentrés. S'il atteint ce but, dans quelques jours l'ennemi sera tourné par le sud et isolé de la place de Reims.

L'armée française a mis à profit le répit que lui ont laissé les Allemands pour s'établir dans de fortes positions défendues en outre par des fortifications passagères et bien qu'elle attende deux corps d'armée, elle est prête à recevoir l'ennemi.

A 9 heures, Verdy du Vernois est sur la rive gauche de l'Aisne. Le passage de l'Aisne et du canal d'embranchement de Semuy a été protégé par des batteries établies à l'est de Voncq et au nord de Mont-de-Joux. En outre, l'attention des Français a été détournée par une feinte de la 5ᵉ division du 3ᵉ corps, qui, ayant traversé Vouziers, s'est déployée en avant de Condé-les-Vouziers et de Vrizy, faisant mine de s'emparer de Grivy et de Loisy.

La bataille s'engage simultanément sur toute la ligne, de Voncq à Blamont. Mais, selon les vues de Pape, l'action est plus intense au nord de Vouziers, entre les troupes de Verdy du Vernois et le 4e corps français. A dix heures, l'infanterie française est déployée en avant des positions de Vaux, Coulommes, et Quilly, sur le chemin qui aboutit à Attigny par Grivy, Loisy, Cœgny, Chuffilly et Sainte-Vaubourg; celle de du Vernois sur le chemin de Rilly-aux-Oies à Vrizy.

Une batterie allemande à l'intersection de la voie romaine de Reims à Trèves et du chemin de Roche à Rilly, après avoir jeté le désordre dans les rangs des tirailleurs français couvre Sainte-Vaubourg de projectiles et oblige quelques bataillons qui l'occupaient à se démasquer. Les Allemands déployés en avant de Roche, ouvrent contre eux une violente fusillade, et, avec l'aide de l'artillerie les forcent à se replier.

Le régiment 84 (brigade Behr) se porte alors sur Sainte-Vaubourg. Mais il en est délogé à son tour par les batteries françaises du nord de Vaux. Massow (18e division) voyant cet insuccès, fait attaquer l'artillerie française au nord par une demi-brigade de cavalerie il lance en même temps la brigade Behr par la voie romaine sur Vaux. Sur le point d'atteindre la ferme de Beaumont (chemin d'Attigny à

Saulces-Champenoises) la cavalerie est décimée en quelques minutes par les schrapnels des batteries françaises, et chargée inopinément par la cavalerie française venant de la ferme de Moscou. En même temps, la brigade Behr échoue devant les retranchements où l'attendait l'infanterie française.

A 11 heures, les Allemands se retirent sur Roche, poursuivis par les Français qui rentrent dans Sainte-Vaubourg, et gagnent du terrain en avant, malgré le tir de la batterie allemande réinstallée dans sa position du matin au sud de Rilly. L'élan des Français est tel, qu'un moment cette batterie est menacée. La 14e brigade de cavalerie allemande, massée à gauche de la ferme Forest, charge en flanc l'infanterie française qui, insuffisamment protégée par son artillerie, recule en désordre sur Chuffilly, où elle est aussitôt assaillie de Méry par l'infanterie allemande.

Massow juge l'instant favorable pour reprendre l'offensive contre Vaux. Pendant que Wartensleben (17e division 9e corps) attire sur lui la plus grande partie du 4e corps français, en s'avançant sur Cœgny et Loisy, ayant à sa gauche la 5e division du 3e corps, dont l'artillerie établie en face de Grivy canonne ce village, le commandant de la 18e division donne ordre à la 14e brigade de cavalerie de filer par la voie romaine entre Vaux et Coulommes; déploie son infanterie face à Vaux, entre Sainte-Vaubourg et Attigny, et commande l'assaut de Vaux. La situation des Français sur ce point devient des plus critiques : sur leur gauche, la division de Charreyron qui s'est tenue jusque-là entre la ferme de Moscou et le ruisseau de Saulces, au nord du village de Saulces, charge la division de cavalerie allemande Garnier, et deux brigades de la division Studnitz, qui ont débouché par Givry et Attigny arrivant de Saint-Lambert, Charbogne et Alland'huy. Soutenu par les batteries de Vaux dont les feux rayonnent en demi-cercle du Bardo à Givry, de Charreyron fait bonne contenance jusque vers deux heures. Les Allemands vont l'emporter grâce à leur supériorité numérique, quand le canon se met à gronder au nord de Mont-Laurent. C'est le 10e corps français, venant de Rethel, qui entre en ligne.

En un moment, l'artillerie de ce corps couronne les hauteurs des environs de Mont-Laurent et de Saulces. De Charreyron s'efface devant l'infanterie du 10e corps, dont l'arrivée fait encore échouer la tentative des Allemands contre la position de Vaux. La cavalerie de Garnier et de Studnitz se retire sur Attigny et sur Givry, détruit les ponts et se rabat sur Semuy. Les régiments français se précipitent sur les troupes de Massow qui reculent. Les officiers allemands font preuve de la plus grande énergie ; ils rallient leurs soldats et les ramènent en bon ordre dans leurs positions du matin en avant de Rilly : à Roche et Méry, en appuyant la gauche à la 5e division du 3e corps, à l'ouest d'Echarson. Les Français poussent leur avantage avec acharnement ; mais les Allemands tiennent bon, sachant que leur retraite est assurée sur la rive droite de l'Aisne.

A la nouvelle de l'entrée en ligne du 10e corps français, Verdy du Vernois dirige ses deux divisions contre ce nouvel adversaire, laissant à la 5e division du 3e corps et à la 15e du 8e le soin de faire face au 4e corps français. Il réunit à Rilly les 6 batteries à cheval des divisions Studnitz et Garnier, et établit toute l'artillerie de son corps de l'autre côté de l'Aisne, sur les hauteurs de Semuy et de Voncq. De là il paralyse tout le reste de la journée les efforts du 10e corps dont l'artillerie, obligée d'avancer en plaine, n'obtient que des résultats insignifiants.

Le soir venu, les deux armées occupent à peu près leurs positions du matin. Cependant, comme le 10e corps a infligé de sérieuses pertes à Verdy du Vernois, et que le 3e corps à l'extrême droite a résisté victorieusement au 4e corps allemand, s'emparant même à la fin de la journée de Sainte-Étienne en avant de Machault, le généralissime français s'attribue le succès de cette journée. Quant à Pape il est satisfait du résultat des opérations : il a eu la satisfaction de voir apparaître à sa droite le 10e corps français. A dix heures du soir, il donne ses instructions pour le lendemain. Tous les corps resteront sur la défensive, sauf le 4e qui, aidé de la 19e division du 10e corps, reprendra l'offensive dans l'après-midi pour s'emparer de Saint-Étienne. Le 9e corps adossé au canal d'embranchement de Semuy, résistera le plus longtemps possible au 10e corps français. Les 6 batteries à cheval de Rilly, (2e et 3e division de cavalerie) repasseront l'Aisne dans la nuit à Semuy, et s'établiront à Mont-de-Joux. Les 2e et 3e divisions de cavalerie se tiendront à Charbogne et Saint-Lambert et enverront des reconnaissances sur la route de Rethel à Mézières. Les 5e division du 3e corps et 15e du 8e corps opéreront contre le 4e corps français ; les 16e du 8e corps et 6e du 3e corps, contre le 2e corps français.

. . . .

Journée du 1er Août. — Le généralissime français ayant ses quatre corps se décide à prendre l'offensive. Dès le matin, l'artillerie du 10e corps à l'est d'Attigny, de Sainte-Vaubourg et de Chuffilly, ouvre le feu contre les lignes allemandes à la ferme Forest, à Roche et en arrière de Méry. Les batteries de la 7e division du 4e corps, quittant leurs positions de la veille au nord de Chardeny, se sont avancées vers Cœgny. De là, elles tirent contre l'artillerie allemande de la 5e division du 3e corps, postée à l'ouest de Vrizy. Celles de la 8e division du même corps français, maintenues en avant de Quilly, canonnent Mars-sous-Boucq, occupé par de forts détachements d'infanterie de la 15e division du 8e corps. Les chefs des 2e et 3e corps français ont porté leur infanterie en avant, après un long combat d'artillerie, soutenu, par l'une de ses positions de Contreuves et de Semide contre Orfeuilles (6e division du 3e corps) et contre les batteries allemandes de la 16e division du 8e corps, parvenues à la fin de la journée précédente à s'installer à la pointe sud de l'éperon bordant le chemin de Mont-Saint-Martin à Sugny; par l'autre contre les batteries du 4e corps allemand de Blanc-Mont et de Medaur.

A la gauche allemande, le 4e corps résiste à l'effort des Français qui, malgré le désavantage de leur position, ont tenté plusieurs assauts contre Blanc-Mont et Médaur. Vers midi, l'attaque devient tellement vive, que Salmuth doit faire appel à la 19e division du corps de Kameke.

A la même heure, la division d'Espeuilles, renforcée des brigades de cavalerie 2e et 3e des 2e et 3e corps français, traverse l'Arnes à Saint-Étienne et à Saint-Pierre et se dispose à se ranger en ligne sur le chemin de Saint-Étienne à Saint-Martin pour prendre en flanc la gauche de l'infanterie allemande. En ce moment, les 4e, 7e et 8e divisions de cavalerie allemandes, masquées par un pli de terrain à l'est de Saint-Hilaire-le-Petit, exécutent une conversion à droite et apparaissent sur les derrières de la cavalerie française. Celle-ci, dont la formation n'est pas encore achevée, change aussitôt de front sur place, et s'élance au-devant de son adversaire. Les Allemands voient arriver sur eux une charge furieuse. Les trois lignes des 4e et 7e divisions allemandes sont successivement enfoncées, entre Saint-Clément et Saint-Pierre, par le choc d'environ 4,000 cavaliers. Mais leurs ailes, après avoir exécuté un à droite et un à gauche, font demi-tour, se rallient de part et d'autre, et attendent dans cette nouvelle formation, le résultat de la charge à laquelle se livre maintenant la 8e division, déployée entre Hauviné et Saint-Hilaire. Les Français sont alors chargés de front, refoulés et pris en flanc par les 4e et 7e divisions. Écrasés sous le nombre, ils combattent en héros. Mais ils sont dispersés et décimés. Quelques groupes cherchant à rétrograder sur Saint-Étienne, sont écharpés par les obus des batteries de la 19e division du 10e corps établies à l'ouest de Blanc-Mont. Ainsi, la moitié de la cavalerie de la Ire armée française, a été anéantie dans cette rencontre. Dix régiments français à 450 hommes, soit 4,500 cavaliers (nombre fort diminué en réalité par suite des engagements précédents), s'étaient heurtés à 18 régiments allemands à 628 hommes, soit, en tenant compte des pertes subies, à près de 10,000 cavaliers.

Les batteries de la 19e division du 10e corps établies, comme on vient de le voir, à l'ouest de Blanc-Mont, ont criblé de leurs projectiles, l'aile droite du 3e corps français, dont l'attaque contre Blanc-Mont a définitivement échoué. L'infanterie allemande fond sur les régiments désorganisés du 3e corps qui se replient en combattant sur Machault, et s'y maintiennent jusqu'à la nuit, à l'abri des retranchements élevés durant les journées précédentes.

Sur toute la ligne, on s'est battu avec la même vigueur. Les Allemands conservent partout leurs positions, sauf la 18e division du 9e corps, qui pressée de trop près par la gauche du 10e corps français, a dû repasser l'Aisne à Voncq et Semuy. Toutefois, ce mouvement de recul s'est effectué avec assez d'ordre, et les Français ont payé cher l'avantage obtenu sur ce point, pour avoir poursuivi l'ennemi jusque sous le tir meurtrier des batteries allemandes de Mont-de-Joux, de Semuy et de Voncq.

Le résultat de cette journée, négatif en apparence, se résume en un échec pour le général français dont l'attaque a été repoussée, en un succès moral pour Pape qui voit se dessiner la réalisation de son plan.

Le généralissime français s'est rendu compte des progrès accomplis par la gauche allemande. Modifiant son plan primitif, il enjoint aux chefs de corps d'attendre le lendemain l'ennemi dans leurs positions jusqu'à l'arrivée du 1er corps qui s'avance sur Rethel. Il a enfin senti que Pape commence à l'envelopper, et il conçoit alors le dessein de se servir du 1er corps pour couper l'armée allemande à la hauteur de Savigny.

Pape attend le 7e corps qui, débarqué à Longuyon le 31, accourt à marches forcées vers le théâtre des opérations. Il donne à ses troupes l'ordre de rester le lendemain sur la défensive.

. . . .

Journée du 2. — Grâce à la similitude des instructions données aux armées en présence, une trêve se produit dans la journée du 2 août. Les belligérants profitent de ce court répit pour enterrer leurs morts, évacuer leurs blessés, mettre de l'ordre dans leurs rangs et se préparer à la journée du lendemain qui sera certainement décisive.

Pape apprend par les rapports des détachements

de cavalerie en observation vers Rethel que le 1er corps français a quitté cette ville et marche sur Vouziers. Il donne l'ordre aux divisions Studnitz et Garnier de partir de Charbogne et de Saint-Lambert avec 3 batteries à cheval pour gagner Rethel par Alland'huy, Amagne et Novy. Elles devront se trouver à Juniville dans la matinée du 3.

. . . .

Journée du 3. — Le 1er corps français ayant rejoint le gros de l'armée dans la soirée du 2, a bivouaqué à Dricourt et Leffincourt. Le matin du 3, il se rassemble sur la route de Vouziers, et vient se placer entre le 2e et le 4e corps. Une partie de son artillerie prend position au nord de Cheppe, et l'autre à l'ouest de Bourcq, à gauche de la route de Vouziers.

A huit heures, est donné à l'armée française le signal de l'attaque, qui commence sur tous les points à la fois. L'effort principal doit être tenté par le 1er corps qui occupe le centre de la ligne.

L'entrée en ligne du 1er corps français est constatée par l'État major allemand. A cette heure, cinq corps d'armée se trouvent en présence de part et d'autre.

Pape porte la 31e brigade de la 16e division (8e corps) de Sugny, en avant du château de Bailla. Il réunit, en arrière de ce point toute l'artillerie à cheval des 4e, 7e, 8e divisions de cavalerie (9 batteries) et déploie l'infanterie de la 32e brigade (8e corps) en arrière de l'Aidin. La 6e division du 3e corps abandonne sa position d'Orfeuilles où elle est remplacée par une brigade de la 8e division du 4e corps, et vient s'établir à Mont-Saint-Martin. Là, elle se tiendra dans l'expectative, surveillant, à droite la ligne de l'Aidin, à gauche Semide, prête à accourir sur celui de ces points qui sera le plus menacé.

A neuf heures, les batteries de Cheppe sont en pleine lutte avec l'artillerie allemande de Sugny; celles de Bourcq ont balayé la route de Vouziers jusqu'en arrière de Saint-Blaise, où pénètrent les Français, après un vif engagement contre la gauche de la 15e division du 8e corps, qui s'était rapprochée de la route de Vouziers. Pendant que ce combat d'artillerie continue avec intensité entre Cheppe et Sugny, l'infanterie du 1er corps français s'est déployée. Sa droite s'appuie à la position de Cheppe, sa gauche s'étend jusqu'à la Briqueterie sur le chemin de Sainte-Marie à Vouziers.

Dans la nuit, la 8e division de cavalerie allemande a été rappelée à Savigny et, au moment où la ligne de tirailleurs du 1er corps français arrive à hauteur de Sainte-Marie, cette division est sur la route de Savigny à Vouziers, en arrière de la ferme de la Chambre-aux-Loups et de la Folie. L'infanterie française accentue son mouvement en avant, sans être inquiétée par les batteries de Sugny, absorbées par leur lutte avec celles de Cheppe. Le commandant du 1er corps français fait avancer au S. de Saint-Blaise la portion de son artillerie qui a ouvert le feu dans la matinée au-dessus de Bourcq, et la fait tirer sur le château de Bailla, d'où les Allemands dirigent une vive fusillade contre ses tirailleurs. L'artillerie allemande de Savigny riposte, tout en envoyant des projectiles sur les tirailleurs français. Ces derniers atteignent cependant l'Aidin, et se portent en masse contre Bailla, que défend vigoureusement la 31ᵉ brigade (16ᵉ division du 8ᵉ corps).

A gauche, la 32ᵉ brigade (8ᵉ corps) tient bon autour de Sugny et sur l'Aidin, contre des forces supérieures. La 6ᵉ division (3ᵉ corps) a dû se porter au secours de la 8ᵉ division du 4ᵉ corps fortement menacée par le 2ᵉ corps français, qui cherche à se rendre maître de la route de Châlons par Suippes. La 8ᵉ division de cavalerie allemande tombe, à ce moment, sur la gauche des Français, et parvient un instant à dégager Bailla. Mais chargée en flanc, à son tour, par la brigade du 1ᵉʳ corps français, venant de la Briqueterie, elle plie et recule jusqu'à la Folie. Le commandant du 1ᵉʳ corps fait avancer ses réserves, et concentre tous ses efforts sur Bailla.

Il est onze heures. Les Allemands doivent lutter corps à corps pour se maintenir dans Bailla, à l'assaut duquel s'est élancé leur adversaire, après s'être emparé de la ferme de la Come. Leur situation devient très critique.

Soudain apparaît au S. de Vouziers une colonne allemande dont la tête atteint déjà la ferme de la Chambre-aux-Loups. C'est la 13ᵉ division du 7ᵉ corps qui, selon les instructions reçues du quartier général dans la matinée, a traversé l'Aisne à Vouziers. La 14ᵉ effectue en ce moment son passage, partie à

Falaise sur un pont de campagne, partie à Savigny. La face de la bataille change alors. Les Français, pris à revers par la 13e division, attaqués de front par la 14e qui est venue remplacer la 16e du 8e corps, se rejettent en désordre sur Sainte-Marie. Leur artillerie de Saint-Blaise, qui essaie de protéger la retraite, est chassée de sa position par l'artillerie du 7e corps qui s'est établie au N. de la Folie, et par les batteries de Savigny. Pressé de tous côtés par les masses du corps de Wissendorff, le commandant du 1er corps français rassemble ses troupes au-dessus de Bourcq, où il tente de résister.

A trois heures, le mouvement enveloppant de l'armée allemande est très caractérisé.

Le 10e corps allemand, que Pape avait ménagé pendant les journées précédentes, a combattu avec la 7e division du 4e corps contre le 3e corps français à Machault. A midi, Cauroy était en son pouvoir, et à l'heure où le 1er corps français succombait devant la vigoureuse intervention du 7e corps allemand, il pénétrait dans les retranchements de Machault, et s'emparait de cette position.

Pendant l'action, les 4e et 7e division de cavalerie allemande s'étaient tenues derrière l'aile gauche du 10e corps. Après la prise de Cauroy, elles furent déployées à l'O. de ce village, sur le chemin de Juniville. Les Français obligés d'évacuer Machault veulent se retirer sur Saint-Remy pour y appuyer leur droite, et couvrir la route Rethel-Vouziers. Les 4e et 7e division les refoulent alors sur Dricourt, à l'O. duquel se chargeaient avec furie les divisions Studnitz, Garnier, et la division de Charreyron renforcée des deux brigades de cavalerie des 10ᵉ et 4ᵉ corps que le chef de l'armée française avait dirigées sur Pauvres, dès qu'il eût appris (soirée du 2) le mouvement exécuté sur Rethel et Juniville par les 2ᵉ et 3ᵉ divisions allemandes. Ici encore la cavalerie française à été écrasée sous le nombre.

Pape ne laisse que le 10ᵉ corps en face du 3ᵉ corps français, dont la défaite n'est plus douteuse. Il emploie contre la gauche du 2ᵉ corps français à Semide la 7ᵉ division du 4ᵉ corps qui a contribué à la prise de Machault. Le 2ᵉ corps a dès lors contre lui le 4ᵉ corps allemand et la 6ᵉ division du 3ᵉ. Il résiste jusqu'à quatre heures, c'est-à-dire jusqu'au moment où le 1ᵉʳ corps, cédant sous les efforts combinés du 7ᵉ corps allemand et de la 16ᵉ division du 8ᵉ, abandonne Bourcq. Les Français ont décidément perdu la bataille. Seuls, les 2ᵉ, 4ᵉ et 10ᵉ corps conservent encore leurs positions du matin. Le général en chef français donne le signal de la retraite sur Rethel. Un désordre indescriptible se produit alors dans son armée. Les divisions Studnitz et Garnier, qui tiennent à Pauvres la route de Rethel-Vouziers, arrêtent les Français. Ceux-ci s'entassent pêle-mêle sur cette route, et leurs masses compactes s'offrent au tir des trois batteries à cheval de ces divisions postées au S. de Pauvres, et auxquelles se sont jointes trois batteries empruntées au 10ᵉ corps allemand.

Cependant, le général français ayant réussi à établir une assez nombreuse artillerie au S. de Saulces-Champenoises, dégage enfin Pauvres.

Aux restes de la division de Charreyron et des brigades des 4ᵉ et 10ᵉ corps se sont réunies la brigade du 1ᵉʳ corps et les débris de la division d'Espeuilles. Cette cavalerie improvisée a mission de refouler les Allemands sur la Retourne, pour dégager la route de Rethel. Grâce à son héroïsme, l'armée est sauvée d'une capitulation en rase campagne. La poursuite des Allemands est tempérée jusqu'à la nuit. Mais la cavalerie de la Iʳᵉ armée française n'existe plus.

Par suite des pertes des journées des 28, 31 juillet et 1ᵉʳ août, les Français n'avaient plus, le 3 août, sur le champ de bataille, qu'environ 125,000 hommes, les Allemands, 100,000, en comptant la cavalerie. La bataille a été très meurtrière. Les Français évaluent leurs pertes, pour cette dernière journée, à plus de 20,000 tués ou blessés et à 20,000 prisonniers; les Allemands accusent, de leur côté, 18,000 hommes tués ou blessés.

. . . .

Le temps me manque pour vous raconter les opérations qui viennent d'avoir lieu entre les autres armées ennemies. Je ne puis que vous en donner sommairement les résultats.

Ainsi que vous l'avez vu, et ainsi que vous allez le voir, d'après les autres opérations, les Français ont été battus en détail par les Allemands, malgré leur dessein bien arrêté de ne pas renouveler leurs fautes de 1870. Il ne pouvait en être autrement. Leur erreur a été de ne pas s'apercevoir que le mode défectueux de leur concentration et l'insuffisance de leur réseau stratégique, les *réduisait* à être battus en détail *non en se divisant à la frontière, mais au fur et à mesure de leur arrivée* sur le théâtre des opérations. Les Allemands concentrés plus vite et par masses plus considérables, ont eu l'habileté de les attaquer tout de suite, et, chaque fois qu'une phase de la concentration s'achevait de part et d'autre, se livrait un nouveau combat, où les Allemands ayant l'avance de la concentration avaient aussi l'avantage d'une grande supériorité numérique. Ainsi, je le répète, ils ont renouvelé leur faute de 1870 non plus en s'éparpillant sur le théâtre des opérations, mais en n'y arrivant qu'à des intervalles trop espacés.

Cette faute a procuré le même succès à la tactique allemande sur toute la ligne.

. . . .

IIe armée. — Le 5e corps français qui était à Revigny dès le 24 au soir s'est avancé sur Bar-le-Duc le 25, et, malgré les efforts des divisions de cavalerie allemande, a repris la ville dont les Allemands s'étaient emparé. Le même jour, le 16e corps allemand, venant de Lahaymeix, prenait position à Vavincourt, Naive et Rosières, à 6 kilomètres au N. de Bar-le-Duc, à gauche et à droite de la route de Saint-Mihiel.

Le 26, le commandant du 16e corps allemand, secondé par une nombreuse cavalerie, reprend Bar-le-Duc, et les Français se retirent sur Revigny. Le 27 et le 28, il laisse reposer son corps d'armée pendant que la cavalerie rayonne à l'O. de Bar-le-Duc. Le 28 au soir il est avisé de l'apparition à Sermaize d'un nouveau corps français, le 9e.

Entourés par la cavalerie allemande qui paralyse tous leurs mouvements, et obéissant aux ordres qu'ils ont reçus de rester sur la défensive jusqu'à l'achèvement de la concentration de l'armée entière, les chefs des 5e et 9e corps français, se bornent durant la journée du 29 à se couvrir par des ouvrages de campagne, l'un à Villers, au N. de la route de Bar-le-Duc à Reims, l'autre sur la Saulx et en avant des bois des Damzelles et du Faux-Miroir.

Le 30, le commandant de la IIe armée allemande (Blumenthal) livre bataille aux Français avec trois corps d'armée, les 16e, 2e bavarois, et la Garde, ces deux derniers arrivés à Bar-le-Duc le 29 au soir. Les deux corps français résistent une partie de la journée. A quatre heures, obligés d'abandonner leurs positions, ils battent en retraite dans la direction de Saint-Mard-sur-le-Mont, par l'ancienne chaussée romaine de Reims à Bar-le-Duc. Mais avant d'atteindre ce point, ils sont chargés par les divisions de cavalerie allemande qui ont été renforcées dans la journée par la 10e descendue de Triaucourt, et qui les refoulent jusque sur Possesse (route de Vitry), Saint-Jean et Vernancourt. Le 31, les Allemands continuent la lutte, et obtiennent de nouveaux succès jusqu'à l'entrée en ligne, vers la fin du jour, des débris du 6e corps réformés précipitamment à Châlons, et du 11e corps, qui sont venus se déployer à la droite des 5e et 9e corps vers Villers-le-Sec. Ce puissant renfort contraint les Allemands à rentrer dans Sermaize et Revigny, où arrive alors leur 5e corps.

Le 1er août, le général français qui, dans la journée, attend le 18e corps venant de Châlons, arrête ses dispositions de combat pour le lendemain. Son armée prendra l'offensive et chassera les Allemands de Revigny et de Sermaize, où ils se sont retranchés pendant la journée du 1er.

Le 2 août, toute l'armée française se porte en avant. Les Allemands n'ont en ligne que quatre corps. On se bat sans résultat toute la matinée. A onze heures, le 12e corps allemand arrivant de Bar-le-Duc prend place à Charmont, face à la gauche française à Vernancourt. Celle-ci faiblit devant l'attaque impétueuse de ce nouvel assaillant, et se replie en désordre sur Vanault-les-Dames. Le but de Blumenthal est atteint. La IIe armée française rejetée sur Vitry ne peut plus désormais faire sa jonction avec la Ire armée.

. . . .

IIIe armée. — Ainsi qu'on l'a vu plus haut, les 7e et 8e corps français venant de Vesoul et de Langres, sans cesse inquiétés dans leur marche par les divisions de cavalerie allemande, n'ont pu atteindre le plateau de Mirecourt que dans la journée du 27. Le soir du même jour, les Allemands avaient sur la Moselle quatre corps d'armée, le 1er bavarois et le 13e corps à Châtel, le 11e corps entre Flavigny et Bayon, le 14e à Charmes.

Harassés par trois jours de marche et de combats partiels contre la cavalerie allemande, les Français n'ont pu, le 27, pousser jusqu'aux rives de la Moselle. Le plateau de Mirecourt leur ayant été disputé par une partie des troupes du 15e corps allemand, distraites de leur observation au N. d'Épinal, ils ont remis au lendemain leur marche en avant pour reprendre les ponts de Châtel, Charmes, Bayon et Flavigny.

Cependant le commandant de la IIIe armée allemande ayant sous la main la plus grande partie de ses troupes dès le 27 au soir, décide que, malgré leur grande fatigue, elles prendront l'offensive dès le lendemain.

Les conditions de la lutte étant tout à fait inégales, les Français doivent abandonner Mirecourt et se retirer vers Langres après avoir subi de grandes pertes. Les Allemands s'acharnent à la poursuite, et le 29, leur cavalerie qui s'est élancée sur Darney réussit à couper la retraite des Français entre Vittel et Lamarche. Malgré leurs efforts les Français sont repoussés sur Bulgnéville. Dans la soirée, ils atteignent Bourmont, sur la Meuse, et prennent position sur la rive gauche.

Le 30, l'armée allemande est rassemblée sur la ligne droite, face aux positions françaises. Mais elle reste sur la défensive pendant cette journée pour prendre du repos. Le général français en profite pour rétablir l'ordre dans son armée qui est renforcée du 12e corps, débarqué à Chaumont. Il se fortifie en même temps par des travaux de campagne.

Le 1er août les Allemands livrent bataille. Ce n'est qu'après une lutte des plus chaudes qu'ils parviennent dans la soirée à chasser les Français de leurs positions. Ces positions, fort importantes, s'étendaient dans les bois à l'E. de la route de Chaumont à Neufchâteau, jusqu'à Saint-Blin.

Le 6e corps allemand, rendu à Châtel le 30 au soir, s'est reposé pendant la journée du 31. Il n'est attendu que le 3 août.

Le 1er août soir, le 17e corps français avait pu débarquer à Chaumont, les Français n'ayant abandonné qu'à la nuit leurs positions en avant de cette ville Toutefois ce corps avait dû suivre le mouvement de recul de la IIIe armée, et aller prendre position sur la rive gauche de la Marne.

Dans la journée du 2 août la gauche allemande passe la Marne à Chaumont, Verbiesle, Luzy, Foulain, et pénètre dans la forêt de Corgebin, tandis que la droite la franchit à Bologne. Néanmoins les Français se maintiennent à Château-Villain, Juzennecourt et Vignory.

La bataille recommence le lendemain. Mais l'arrivée du 6e corps, permet aux Allemands de remporter une victoire décisive.

. . . .

Pendant que les Allemands remportaient ces premières victoires, ils concentraient sous Metz leur IVe armée. En même temps, leur 15e corps recevait ses réserves. Quant à leurs 1er et 2e corps, toute menace étant écartée du côté de la Baltique, ils ont été dirigés sur la France où ils doivent prendre part aux opérations.

La IVe armée, après avoir fourni les troupes de siège de Verdun, Toul, Epinal, et des forts qui les relient, doit marcher sur Paris. Les Allemands amènent facilement leur artillerie de siège de l'O. de ces places, où se trouvent leurs points faibles.

Dès que le 6e corps français a été refoulé en arrière de la Meuse, les Allemands, prévoyant la résistance des places qui protègent les chemins de fer de Metz, Paris Verdun, et Strasbourg-Nancy-Paris, prolongent par des chemins de fer de campagne préparés d'avance le tronçon Thiaucourt jusqu'à Lerouville, et celui de Charmes jusqu'à Mirecourt. . . . .

. . . .

. . . .

Du côté de l'Italie les choses sont bien moins avancées. Dès la déclaration de guerre, les Italiens ont fait sauter le tunnel de Fréjus, enlevant ainsi à leur adversaire un des principaux débouchés sur la vallée de la Dora.

L'armée française ayant achevé sa concentration bien avant que l'Italie ait pu réunir ses troupes de première ligne dans la zone montagneuse, a essayé de pénétrer sur le territoire ennemi par trois points différents : 1° par la route du Mont-Cenis, conduisant de Lans-le-Bourg à Suze ; 2° par celle du Mont-Genèvre ; 3° par le Col de l'Argentière.

J'apprends que la première colonne vient de réussir à forcer le passage du Mont-Cenis après une longue lutte contre les troupes Alpines et plusieurs assauts successifs donnés aux ouvrages qui en défendaient le débouché — Forts de Varicello et de Cassa.

La 2° colonne qui, partie de Briançon, a cherché à franchir les cols de l'Echelle, de Thures et des Arles par la route du Mont-Genèvre (Cols de Sestrières et de Fenestrelles, n'a pu emporter les forts d'Exilles et de Fenestrelles.

La 3° colonne, ayant suivi la route de l'Argentière est entrée depuis hier dans la vallée de la Stura, contournant le fort de Vinadio par le chemin du Col del Mulo.

Un autre corps embarqué en Algérie, opère en ce moment sa descente dans la rivière du Ponant. En présence de la grande supériorité de la marine des Français qui ont renoncé à toute tentative dans la Baltique pour utiliser toutes leurs forces maritimes dans la Méditerranée, les Italiens n'ont pu s'opposer au débarquement des troupes d'Algérie. Leur flotte s'est retirée dans le port de la Spezzia où elle est bloquée. L'objectif de l'armée française est Turin. Mais l'Italie va mettre près de trois millions d'hommes sur pied, et les Français ne peuvent guère leur opposer que 300,000 hommes, y compris les troupes territoriales.

Il est à présumer que les Français auront à se repentir de s'être aventurés contre de pareilles masses. Il est à présumer également qu'après avoir repoussé cette attaque, les Italiens, qui ont pris soin d'étendre leur réseau stratégique dans la vallée d'Aoste, enverront une armée de leurs meilleures troupes pour essayer de pénétrer en France par le col du Petit Saint-Bernard. Les ouvrages formidables d'Albertville et d'Aiton pourraient les arrêter. Mais, à ce moment, une armée allemande ayant franchi la Moselle et ne rencontrant plus d'obstacle pourrait bien venir leur tendre la main.

. . . .

. . . .

Est-il nécessaire de rechercher les causes de la rapide défaite des Français ? Longtemps avant cette campagne elles étaient signalées en France et à l'étranger, mais inutilement. Certes, les généraux et leurs troupes se sont bien comportés : tout le monde s'y attendait. C'est sur les représentants du pays que doit peser la responsabilité du désastre. Eux seuls auraient dû tenir la main, depuis quinze ans, à ce que la France fut pourvue d'une bonne loi de recrutement, à ce que l'Armée fut dirigée avec esprit de suite, c'est-à-dire par un ministre sûr du lendemain, à ce que l'armée eût à sa disposition un réseau stratégique complet.

Seuls, les représentants de la nation sont coupables, si l'on a vu des troupes prêtes à bien faire leur devoir, obtenir des résultats insuffisants, par suite de l'inégalité incroyable de leur instruction ; si tant de bonne volonté de la part des chefs et des soldats a été si souvent paralysée par l'ignorance vraiment surprenante de quelques officiers subalternes ; enfin, si le service de l'intendance a été fait avec une irrégularité déplorable, par suite de la cohue de jeunes gens qui encombrait le personnel des non-combattants.

Si le Parlement, déférant au vœu général, avait respecté la stabilité nécessaire du ministre de la guerre, ce ministre aurait pu prendre entre autres initiatives celle d'introduire plus de méthode dans la mobilisation ; il aurait compris qu'il ne faut pas compter sur la bonne volonté et sur l'intelligence des agents divers préposés en temps de paix à ces opérations délicates d'où dépend la sécurité du pays. Il aurait aussi réclamé avec persévérance l'achèvement d'un réseau stratégique rationnel.

Peut-être enfin aurait-il songé à prendre la mesure qui, seule, même avec un réseau stratégique imparfait, eût permis à la France d'envahir le territoire allemand, le lendemain de la déclaration de guerre. Il suffisait pour cela d'adopter en temps de paix, comme on l'a proposé, un système consistant à dédoubler les cadres (officiers), et à tenir l'armée active, transformée en armée d'attaque, prête à passer la frontière du jour au lendemain. Les Allemands, dira-t-on, auraient pu suivre cet exemple. Cela prouve qu'il serait bon. En outre, serait-ce un mince avantage que de ne plus être à la remorque de l'ennemi; que de l'obliger à abandonner un système consacré par plus de soixante ans d'expérience et de victoires; de le forcer à reculer ses lignes de concentration et de rendre ainsi inutiles les magnifiques quais de débarquement dont il avait couvert l'Alsace-Lorraine; enfin, d'effectuer soi-même la concentration de l'armée de renfort (Réserves) et de l'armée territoriale, mais alors à l'abri d'un rideau fortifié couvert de défenseurs.

SUITE DE LA CORRESPONDANCE

ADRESSÉE DE PARIS A LA *Gazette de Cologne*
PAR TYBALL

> La tristesse seule est féconde en grandes choses, et le vrai moyen de relever notre pays, c'est de lui montrer l'abîme où il est.
>
> RENAN.

PREMIÈRE DÉPÊCHE

Les Parisiens viennent d'apprendre coup sur coup les désastres des trois armées françaises à Vouziers, à Revigny et à Mirecourt, et la marche de la 4e armée allemande sur Paris. La vie publique a été comme subitement étranglée. L'angoisse est peinte sur tous les visages. Tous les esprits semblent hantés par la vision du désastre suprême de la Patrie. Le pressentiment qu'une grande chose va finir a passé sur l'immense ville, qui prend tristement un aspect morne d'agonie.

Plus de troupes dans Paris. Les dernières réserves de la garnison sont parties hier, sous les ordres du Roi, pour aller renforcer les armées vaincues. Le Conseil des ministres va se trouver désarmé en face d'une population irritée, qui le rend responsable de la catastrophe où la France s'engloutit à vue d'œil.

. . . .

Une vive agitation vient de succéder à la stupeur des premiers instants. Cette fermentation me donne à penser que des troubles très graves sont imminents dans la capitale.

DEUXIÈME DÉPÊCHE

Les appréhensions dont je vous faisais part dans ma dernière dépêche n'étaient point vaines. Surpris par des événements qu'ils n'avaient su prévoir, les ministres du roi n'ont trouvé ni le temps ni les moyens de faire face aux périls qui menacent la monarchie et l'ordre. Quelles résolutions, quelles mesures auraient suffi, d'ailleurs, pour enchaîner l'ouragan populaire qui va arracher la monarchie du pouvoir, et la briser sur le cœur de la France !

Aujourd'hui, à une heure de l'après-midi, la salle des séances de la Chambre des Députés a été envahie par une populace innombrable brandissant des armes et des drapeaux rouges. Deux conseillers municipaux de Paris marchaient à la tête de l'émeute. L'un d'eux, s'élançant à la tribune, a demandé au peuple de voter par acclamation la déchéance de la Monarchie et de faire appel au Conseil municipal pour sauver la patrie.

A l'heure où les députés se sont présentés pour la séance, les agents de la force publique ont essayé d'expulser la foule. Mais celle-ci, maîtresse de la situation, a manifesté de telles dispositions à la résistance, que les députés se sont retirés après avoir protesté. Les insurgés se sont aussitôt décidés à séjourner dans la salle, afin d'empêcher la force publique de l'occuper avant que le conseil municipal ait pris une décision.

Des groupes menaçants se forment devant les hôtels des ministres. La police est sur les dents. Inquiète et découragée, elle se sent impuissante contre l'insurrection immense qui étend ses ailes sur Paris.

Des milliers de personnes ont quitté la capitale depuis hier.

TROISIÈME DÉPÊCHE

Depuis le rétablissement de la monarchie, le conseil municipal de Paris avait jugé opportun de se renfermer dans un silence prudent. Le gouvernement, ravi de cette attitude, et désireux de ménager l'irritable population parisienne, n'avait pas inquiété ses élus. Le ministre de l'intérieur et le préfet de la Seine avaient continué le système de complaisances et de concessions incessantes, grâce auquel le Conseil, avait, pendant la République, constitué sous main tous les rouages de la future autonomie communale. Le Conseil, ne pouvant obtenir du gouvernement républicain l'autonomie de Paris, l'avait organisée en fait à l'Hôtel-de-Ville. Grâce à ses empiètements continuels sur les attributions du préfet de la Seine, il avait augmenté considérablement l'importance des bureaux de son secrétariat; il en avait soustrait moralement le personnel à l'autorité administrative. Ce personnel, tout à la dévotion de l'autonomie communale, était en antagonisme avec l'administration centrale, et l'emportait toujours sur elle. Le ministre fermait les yeux. Il n'avait d'autre souci que celui d'éviter tout conflit avec le Conseil. Que pensez-vous de ce gendarme qui laisse violer les lois, pour avoir la paix?

L'autonomie ainsi constituée à l'état occulte, il ne restait plus qu'à donner le branle à cette puissance tenue en réserve. Hier, l'insurrection s'en est chargée.

Pendant qu'au Palais Bourbon la populace et la force publique en venaient presque aux mains, le conseil municipal se réunissait à l'Hôtel-de-Ville. Les députés intransigeants de Paris ont été admis à la séance et invités à délibérer. La proclamation suivante a été soumise à l'assemblée, et votée à l'unanimité.

Citoyens de Paris!

Les élus de Paris sont enfin libres d'accomplir leur devoir. Ils prennent, au nom du peuple souverain, la part qui leur revient naturellement dans la direction des affaires publiques.

Le peuple était menacé des plus effroyables calamités par la trop longue série des crimes de l'opportunisme et de la monarchie. Le voilà enfin dégagé des entraves maudites qui le livraient sans défense aux coups de ses ennemis. Une ère nouvelle de salut et de liberté s'ouvre aujourd'hui.

Il dépend de vous, citoyens de Paris, que ce jour soit la date glorieuse de la délivrance, la véritable journée de la justice du peuple et de l'émancipation du prolétariat.

Quant à vos élus, ils se montreront à la hauteur des devoirs que la situation leur impose. Ils sauront guider le peuple vers la réalisation de ses vœux, qui sont la loi suprême de tout gouvernement démocratique.

Citoyens de Paris!

Nous nous sommes assemblés aujourd'hui à l'Hôtel-de-Ville et nous avons pris la délibération suivante :

Le Conseil des élus de Paris :

Considérant que la décrépitude morale et l'incapacité politique des classes gouvernantes qui ont jusqu'à ce jour exploité la France vient de les faire crouler sous le mépris populaire;

Que leurs défaillances et leurs trahisons ont conduit le peuple à des aventures où son or et son sang ont été lâchement sacrifiés à de viles ambitions;

Que la Patrie est en danger;

Que l'heure est venue pour le peuple de régler lui-même ses destinées, d'expulser les ennemis du dehors et d'appliquer enfin, au dedans, les réformes qui sont l'objet de ses plus antiques et de ses plus légitimes revendications :

Délibère :

ARTICLE PREMIER. — Le pouvoir personnel est déchu en France.

ART. 2. — Le Parlement est dissous.

Le pouvoir délibératif est exercé provisoirement par l'Assemblée des élus de Paris, siégeant à l'Hôtel-de-Ville. — Le pouvoir exécutif est provisoirement confié à une commission exécutive composée des membres de l'Assemblée dont les noms suivent :

Délégué aux Affaires extérieures et Président de la Commission : le citoyen. CLÉMENCEAU.
id. à l'Instruction publique. CATTIAUX.
id. aux Finances. . . . . . . C. DREYFUS.
id. à l'Intérieur. . . . . . . SIGISM. LACROIX.
id. à la Justice. . . . . MICHELIN.
id. au Commerce. . . . . . CAMELINAT.
id. aux Postes. . . . . HENRY MARET.

id.	aux Travaux publics. .	Mathé.
id.	à l'Agriculture.	Dujarrier.
id.	à la Marine.	Tony Révillon.
id.	à la Guerre.	Maujan.
id.	à la Police en attendant sa suppression. . . .	Yves Guyot.
id.	à la Mairie de Paris. . .	Songeon.

Art. 3. — Dès que la libération du territoire sera achevée, les électeurs seront convoqués pour l'élection d'une *Convention nationale.*

Art. 4. — Sont abrogées toutes les dispositions, législatives ou autres, plaçant l'Administration de la Ville de Paris hors du droit commun.

Art. 5. — La Commission exécutive prendra d'urgence les mesures nécessaires pour organiser et armer dans Paris vingt légions de citoyens volontaires. Elles les fera exercer et les mettra en état de réparer promptement les fautes commises par l'armée permanente. Les chefs de ces légions seront élus par leurs troupes.

Art. 6. — Dès que la Commission exécutive aura pourvu aux nécessités les plus pressantes de la défense nationale, elle présentera à l'Assemblée des projets de réformes, en se conformant aux programmes antérieurement élaborés dans les réunions du peuple de Paris.

Art. 7. — Le délégué à l'ex-préfecture de police est invité à surveiller et à réprimer rigoureusement tout attentat dirigé contre les pouvoirs nouveaux, qui émanent directement de la volonté populaire. Il devra congédier sans retard tous les agents suspects d'hostilité contre ces pouvoirs.

Art. 8. — Amnistie pleine et entière est accordé à tous les citoyens et citoyennes détenus pour actes qualifiés crimes ou délits politiques.

Art. 9. — La présente délibération sera affichée et insérée au Bulletin municipal officiel. Tous les agents de l'État et de la Commune de Paris devront déclarer formellement, devant le représentant du délégué à l'Administration dont ils dépendent, qu'ils promettent de servir fidèlement le peuple et ses représentants directs, faute de quoi ils auront à se démettre de leurs fonctions.

Tous les membres de l'Assemblée ont signé.

Cette délibération, véritable coup d'État, a été affichée dans tous les quartiers de la ville, par les soins du personnel technique de la Direction des travaux de Paris. Ce personnel reconnaissait ainsi les faveurs que le Conseil avait jugé utile de lui prodiguer. Quant aux petits employés de l'Administration, jusque-là ils s'étaient trouvés en butte à l'animosité du Conseil. Leurs chefs, les sacrifiant volontiers comme victimes expiatoires à l'hostilité des élus de Paris, les avaient abandonnés. Aussi, ces prolétaires méconnus n'hésitèrent pas à se détacher [du gouvernement républicain pour passer au service de la Commune. Ils estimaient, avec raison, que le nouveau gouvernement ne saurait leur imposer des chefs plus indifférents, et que, quoi qu'il advînt, leur situation ne pourrait empirer.

QUATRIÈME DÉPÊCHE

Dès la séance d'hier, plusieurs nuages noirs ont commencé à poindre dans le ciel des nouveaux maîtres de la France.

Le choix des délégués de la Commission exécutive ne s'est pas effectué sans tiraillements. Une fraction de l'Assemblée avait proposé le citoyen Floquet pour la Mairie de Paris. Mais un conseiller municipal a fait ressortir, en termes violents, que cette candidature était inacceptable.

— « Le citoyen Floquet, a dit le citoyen Chabert, est un bourgeois vaniteux de Saint-Jean-Pied-de-Port... (rires et bruit).

Une voix : — Perfetemaint ! Nous otres, pariziens, nous sommes fermemaint décidés, dans ce momint ici, à n'avouar pour mére qu'unn parriziènn !

Le citoyen Chabert : — C'est une outre vide qui s'est battu bruyamment les flancs pour émerveiller le peuple. Mais le peuple ne se laisse plus prendre à ces boniments ronflants; il commence à y voir clair dans le jeu de ses exploiteurs les plus malins. — Si Floquet a servi la cause de l'autonomie communale, c'est qu'il tenait à rester en place.

Son attitude fut toujours celle d'un homme vain, avide de distinctions et de pouvoir. Pour satisfaire à cette insatiable vanité, il a pactisé avec l'opportunisme. L'argent n'est pas non plus indifférent à ce démocrate de tréteaux. Ne l'a-t-on pas vu se compromettre, dans un intérêt pécuniaire, en allant plaider à Tunis le procès honteux d'un mignon du Bey? (Protestations et applaudissements.) D'ailleurs, citoyens, nous avons pu juger Floquet par les actes empreints d'un népotisme scandaleux qu'il a commis à la Préfecture de la Seine. Vous avez dû recevoir, comme moi, de nombreuses plaintes du menu personnel, de celui que son humilité, sa misère et la nature de son travail rangent dans le parti innombrable des prolétaires. Floquet n'est jamais venu en aide à ces humbles : il les a délaissés ; il les a même traités avec une morgue hautaine qui témoigne qu'au fond il n'a ni l'esprit ni le cœur d'un démocrate. En quittant la Préfecture, n'a-t-il pas fait ce qu'on appelle, en langage administratif, un testament et un testament entaché d'un favoritisme odieux, digne des administrations pourries des anciens régimes ! (Mouvements divers.)

Une voix. — En même temps, il infestait le département des Basses-Pyrénées de fonctionnaires bonapartistes et cléricaux qu'il faisait nommer pour plaire à ses amis et à ses parents.

Le citoyen Chabert. — Floquet, je vous le répète, n'est pas un démocrate sérieux. C'est un grand homme en baudruche. Vous n'accorderez pas la mairie de Paris à ce hanneton qui bourdonne depuis trop longtemps sur les vitres de la démocratie ! »

La lutte a été chaude. Mais on a dû abandonner Floquet, malgré le désir qu'on avait de faire entrer avec lui, dans le nouveau gouvernement, un élément relativement modéré.

Le choix de quelques autres délégués a révélé bien des ferments de discorde dans l'assemblée. — Plusieurs candidats ont été accusés d'être des transfuges de la bourgeoisie ; de s'être enrichis dans l'exercice de fonctions gratuites ; d'avoir reçu des pots de vin des fournisseurs de la Ville, seule explication de leur fortune et de leur luxe anti-démocratique. L'on a amèrement raillé le citoyen Michelin d'avoir éprouvé le besoin de se faire une réputation d'incorruptibilité, et d'avoir organisé dans ce dessein une comédie où tout Paris n'a vu qu'une grossière réclame.

Dès que la Commission a été constituée, des dissidences se sont produites dans l'Assemblée. Les dissidents, tous socialistes, ont quitté la salle, en protestant au nom du Peuple dont on venait, disaient-ils, de trahir la cause.

Le premier acte de M. Clémenceau, en prenant le pouvoir, a été de faire opérer une foule d'arrestations. Beaucoup de députés et de sénateurs étaient absents quand on est venu les arrêter. On n'a pu mettre la main sur aucun membre du ministère déchu. M. de Cassagnac, arrêté hier sur le boulevard, a été relâché immédiatement, en considération des services qu'il a rendus à la révolution en contribuant à la chute de la République.

L'émigration continue et augmente. Le délégué à la police a congédié un grand nombre d'agents. Les officiers et un grand nombre de sous-officiers de la Garde Républicaine sont allés rejoindre l'armée pour éviter de servir la Commune. La force publique se trouve ainsi désorganisée; il lui est impossible de surveiller l'émigration.

Les représentants des puissances étrangères ont quitté Paris pour se rendre à Versailles. On pense que le Roi pourra rejoindre assez tôt ses ministres dans cette dernière ville, qu'il y reconstituera le gouvernement et concluera la paix. Mais le premier soin de M. Clémenceau a été de faire occuper militairement Versailles en vue de ramasser d'un coup de filet tous les personnages politiques du régime tombé. Il espère mettre la main sur le Roi avant que celui-ci ait rejoint l'armée. Le Roi s'y rendait à cheval, avec une petite escorte, afin d'examiner le terrain en avant de Paris, et d'étudier le plan de la bataille qu'il a l'intention de livrer avec les troupes de son armée de seconde ligne renforcée de la IIe armée.

. . . .

Le bruit court ce soir, dans Paris, que le Roi aurait été enlevé au moment où il revenait précipitamment vers Paris pour faire face à la révolution.

CINQUIÈME DÉPÊCHE

M. Clémenceau a annoncé aujourd'hui au Conseil des élus de Paris que ses efforts et ceux du délégué à la police avaient été couronnés d'un plein succès. La police a acheté l'émissaire chargé de porter au Roi l'avis que ses ministres l'attendaient à Versailles. On a donc arrêté le Roi très aisément. Dans le même temps, les agents de la Commune, secondés par des volontaires, s'emparaient, à Versailles, de la plupart des membres de l'ancien gouvernement.

M. Clémenceau a annoncé également que le délégué à la Guerre était parvenu à réunir les premiers éléments de l'armée de la Commune.

« Dans cinq ou six jours, dit-il en terminant, le peuple de Paris sera organisé et marchera à la victoire ! » Les applaudissements dont ces paroles étaient couvertes ont redoublé, quand le délégué Maujan a fait savoir qu'il venait de destituer tous les généraux en chef actuellement devant l'ennemi, afin de leur substituer des citoyens éprouvés et connus pour leur dévouement à la cause du peuple.

Le Conseil, ému des protestations et des menaces que lui avaient adressées en se retirant les socialistes dissidents, a pris la résolution de rester en permanence pendant quelques jours et de se faire garder par un bataillon de volontaires de la Commune.

M. Rochefort, outré de n'avoir pas été choisi pour faire partie du Comité exécutif, vient de décocher au nouveau gouvernement un article venimeux. Il reproche à M. Clémenceau d'avoir consulté M. de Freycinet sur divers points de la politique extérieure, et de mijoter quelque aventure militaire avec les légions de la Commune. Il signale la présence, dans le nouveau gouvernement, d'hommes incapables ou entachés de modérantisme. Il en connaît dont la fortune a une origine suspecte; d'autres dont la vie publique ou la vie privée laisse à désirer. M. Rochefort prend ensuite le Conseil à partie et le blâme de se faire garder par la force armée. Il se méfie donc du peuple? Bien plus, il le trahit, car il n'a encore ni fait mettre en accusation, ni fait fusiller les anciens députés opportunistes, les royalistes, le Roi lui-même. Il espère sans doute qu'ils sauront s'évader et qu'ils échapperont ainsi à la justice du peuple! L'amnistie ne lui suffit pas. Il demande des pensions pour les victimes des lois de l'infâme bourgeoisie. En terminant, M. Rochefort invite les groupes socialistes de Paris à se réunir au Palais Bourbon, pour y former un meeting d'indignation, enlever le pouvoir aux usurpateurs, et le remettre aux mains des véritables amis du peuple.

SIXIÈME DÉPÊCHE

Hier soir, une grande manifestation populaire a eu lieu sur la place de l'Hôtel-de-Ville. La foule paraissait tout d'abord avoir de la sympathie pour le nouveau gouvernement. Mais quelques citoyens ont apporté l'article-proclamation de Rochefort, et l'ont fait circuler dans les groupes. Entre-temps, arrive un long défilé de fanfares, de sociétés chorales et autres qui donnent une aubade au Conseil. Les sociétés de gymnastique et de tir brillent par leur absence dans cette manifestation communarde. Les braves jeunes gens qui les composent font en ce moment leur devoir en face des armées allemandes.

Tout à coup survient un interminable cortège de socialistes révolutionnaires des quartiers de la Bastille et de la barrière du Trône, se rendant au meeting du Palais-Bourbon. La foule s'ébranle et les accompagne. Les sociétés musicales, après un moment d'hésitation, les suivent également, laissant la place de l'Hôtel-de-Ville presque déserte. Le peuple de Paris roule en grondant, le long des quais, vers le rendez-vous que lui a assigné le marquis de Luçay.

A l'Hôtel de Ville, on demeure fort perplexe. Plusieurs membres du Conseil reçoivent la mission de se rendre au meeting et d'y prendre la parole. Ils exhorteront le peuple à la sagesse et le prieront de compter sur la fermeté et la droiture de ses élus. Il est décidé en même temps qu'une proclamation sera adressée aux citoyens de Paris, pour leur déclarer que l'heure des réformes attendues est proche. Le Conseil attend seulement, pour s'en occuper, d'avoir expulsé les ennemis de l'extérieur et d'avoir réduit ceux du dedans à l'impuissance.

Bien avant l'heure fixée par Rochefort, les comités socialistes des quartiers excentriques ont commencé à affluer vers le Palais Bourbon. Dans le même temps, un grand nombre de républicains attroupés sur divers points des grands boulevards discutent sans parvenir à s'entendre les moyens de soustraire Paris aux mains de la démagogie avant l'investissement de la capitale par les armées prussiennes. Les uns proposent de former un gouvernement provisoire et d'armer la bourgeoisie; les autres de se rendre en masse à Versailles pour concourir à la formation d'un gouvernement national. Bientôt apparaît la cohue révolutionnaire descendant des hauts quartiers de Paris, de Belleville, de la Villette, de Charonne, de Montmartre, de Ménilmontant. L'avalanche humaine roule, avec un échevellement de loques rouges, au bruit de clameurs triomphantes. En un clin d'œil, les attroupements républicains sont refoulés et rejetés dans les rues adjacentes. Les devantures des magasins et des cafés que l'on avait laissées ouvertes volent en éclats. La circulation est interrompue dans tout le centre de Paris.

Plus de cent mille personnes ont quitté Paris la

nuit dernière. Je vous raconterai demain les incidents du meeting Rochefort.

SEPTIÈME DÉPÊCHE

Hier soir, à mesure que les révolutionnaires débouchaient du Pont de la Concorde, des quais et des rues avoisinantes, plusieurs citoyens, perchés sur les statues de la grille du Palais-Bourbon et sur le parapet du quai, criaient aux survenants que les bureaux des comités seraient seuls admis dans la salle des séances, en raison de son exiguïté, et que le peuple serait admis ensuite dans les tribunes! A neuf heures, la salle et les tribunes regorgent de citoyens. Sur le quai, une multitude houleuse et bruyante reçoit les renseignements qui lui sont transmis de l'intérieur du Palais et manifeste ses sentiments par des cris assourdissants.

Le citoyen Joffrin monte à la tribune dès que la salle est remplie, et fait la déclaration suivante : — « Citoyens, toutes les fractions du parti socialiste révolutionnaire sont ici représentées. Le peuple va, pour la première fois, délibérer lui-même sur son sort. Citoyens, ne laissons pas perdre une occasion si précieuse! Tous, tant que nous sommes ici, nous mourrions certainement sans en retrouver une pareille. Oublions, pour un instant, nos dissentiments. Nous tenons la branche de salut, ne lâchons pas!

(Tonnerre de bravos et d'applaudissements.) Puisque l'intérêt le plus pressant du peuple exige que la concorde règne parmi nous, je crois m'inspirer de cet esprit d'union, en vous proposant de confier la présidence de nos débats à quelqu'un dont la candidature ne rencontrera, je l'espère, aucune opposition. Je propose que la première véritable assemblée du peuple soit présidée par la grande citoyenne Louise Michel! » (Une salve de bravos accueille cette proposition; les applaudissements et les acclamations durent jusqu'à l'apparition de la citoyenne Louise Michel au fauteuil de la présidence. On place alors derrière elle, au-dessus de sa tête, un trophée de drapeaux rouges.)

La citoyenne Louise Michel : « Te voilà enfin rétablie dans ta souveraineté, multitude sublime des prolétaires, des opprimés, des vaincus de la lutte sociale! De tes mains endolories par un servage mille fois séculaire, tu reprends ta couronne aux oppresseurs maudits, et tu la poses, en ce jour, sur ton front triomphant. Les tyrans effarés vont rentrer dans le néant sous les coups de tes décrets vengeurs; car ton heure est enfin venue, ô Peuple, et moi, enfant perdue de ta sainte cause, j'ai maintenant assez vécu, puisque j'ai goûté l'ivresse de voir le soleil resplendir sur la première journée de ton règne! Plus de faim, plus de noire misère, plus de chasse à l'homme, plus de loups-cerviers pour traquer les maigres enfants du peuple qui troublent le sommeil des bourgeois, plus de chair à canon, plus de chair à plaisir! Les ressentiments amoncelés dans la poitrine du peuple ont enfin éclaté, et nos entraves ont été réduites en poussière. O sainte multitude! les siècles de servitude et de lamentations vaines avaient torturé ta face amaigrie. Mais un souffle de révolution t'a soudain rajeunie, et tu m'apparais radieuse sous les rayons naissants de ta sanglante aurore! (La salle entière est debout, applaudissant la grande citoyenne). Puisque ton jour est venu, sois implacable! Si tu n'étais pas implacable, ceux qui sont tombés sous les balles des ennemis du peuple sortiraient de leurs tombeaux pour nous crier que nous ne sommes pas les dignes héritiers de leurs haines, et que les misérables de ce monde sont maudits, puisqu'ils oublient de venger leurs frères assassinés, puisqu'ils négligent de tremper dans le sang des tyrans les instruments qui doivent fonder à jamais la liberté!

» Ainsi, mes amis, point de tergiversations. Si des traîtres ou des suspects sont découverts parmi vous, faites-en promptement justice. N'oubliez pas surtout qu'il n'appartient qu'à nous d'accomplir la Révolution sociale! Nul n'a qualité pour nous devancer dans cette tâche. Notre autorité est la seule légitime, les autres sont usurpées! (Applaudissements prolongés. Cris : C'est vrai! à bas Clémenceau! à bas l'Hôtel-de-Ville.)

Affirmons donc notre pouvoir, et ne laissons pas pousser une nouvelle tête à l'hydre de la bourgeoisie infâme. (Acclamations et bravos.)

» Je vais donner la parole aux représentants de chaque groupe, en suivant l'ordre alphabétique dans chaque arrondissement. Nulle question de préséance ne retardera ainsi le règne de la justice du peuple. Délibérons pour la Révolution sociale, sans nous laisser entraîner à de mesquines dissensions. Il est temps d'aboutir. Demain, il serait trop tard peut-être! Mais, je le répète, soyons implacables. Le sang de nos martyrs, versé à flot par les tyrans, colore les plis flottants de nos drapeaux. Que le sang que fera couler l'accomplissement de vos décrets, retombe sur la tête des ennemis du peuple! Vive la Commune! Vive la Révolution sociale! » Une véritable tempête de clameurs, de trépignements, de hurlements accueille ces derniers mots que tout le monde répète à plein gosier.

La parole est successivement donnée, dans l'ordre indiqué, aux représentants des divers comités. Tous se répandent en invectives amères contre les membres du gouvernement de l'Hôtel-de-Ville, et contre leur politique.

Un délégué de la Fédération des travailleurs socialistes de France reproche au conseil des élus de Paris d'avoir agi sans consulter le peuple et d'avoir ainsi violé la constitution naturelle et fondamentale de tous les peuples libres. Le Comité exécutif n'a encore institué aucun tribunal pour juger les opportunistes et les royaliste arrêtés. Il médite une trahison : il veut laisser échapper ces hommes que la justice du peuple réclame. L'orateur demande que l'on se débarrasse du gouvernement de l'Hôtel-de-Ville au besoin par la violence, et termine en citant le mot de Barère : « L'arbre de la liberté croît, lorsqu'il est arrosé du sang de toute espèce de tyrans ! »

Le délégué du Parti ouvrier socialiste révolutionnaire critique violemment le Conseil des élus. Ces bourgeois n'ont lutté contre leurs devanciers que pour prendre leur place, et non pour servir loyalement les intérêts du peuple. Le comité est suspect de bourgeoisie ; il faut le mettre en accusation et exterminer impitoyablement le parasitisme bourgeois qui apparaît sous une nouvelle forme. Clémenceau est un nouveau dictateur bourgeois qui menace la liberté ; que le peuple l'écrase sous son talon.

M. J. Guesde, au nom du groupe marxiste ou Guediste, déclare que la révolution sociale est en danger, et qu'elle sera menacée tant qu'un groupe de bourgeois plus ou moins imbéciles et malhonnêtes tiendra le peuple en échec. Ni le conseil, ni les membres du comité, ne sont disposés à réaliser le programme socialiste. Ils vont continuer la guerre, quand il fallait demander tout de suite la paix, afin de supprimer cette armée permanente qui ruine le pays et qui ne sait pas le défendre. M. Clémenceau est un bourgeois ambitieux et jouisseur. Il compte sur une République bourgeoise pour résoudre pacifiquement toutes les questions sociales : c'est le comble de la mauvaise foi. Il a toujours déclaré qu'il respecterait le Grand Livre, et, qu'on ne l'oublie pas, il n'a jamais accepté le programme de l'Alliance socialiste.

« Nos gouvernants intransigeants, s'écrie l'orateur, sont des opportunistes maigres. Les ventrus du troupeau gambettiste avaient au moins le courage de leur politique. C'était des ennemis que l'on voyait en face. Ceux qui nous menacent aujourd'hui sont affamés, rageurs, hypocrites et lâches. Ils sont mille fois plus dangereux pour le peuple que les autres. Il faut en purger la société (Applaudissements).

Le citoyen Félix Pyat reconnaît, au nom d'un groupe plus ou moins anarchiste, que les divisions du grand parti révolutionnaire doivent faire place à l'union dans les circonstances actuelles. Plus tard l'anarchie reprendra ses droits. Mais il est certaines mesures que tout le monde dans le parti s'accorde à réclamer, et le citoyen Pyat a l'intention d'exprimer ces désirs unanimes du peuple. Le Conseil est coupable : et on doit moins lui reprocher ses actes que ceux devant lesquels il a lâchement reculé. Un seul trait donnera la mesure de sa foi révolutionnaire : il a laissé flotter sur les monuments publics le drapeau tricolore, emblème de toutes les hontes sociales, de toutes les trahisons, et de cette longue série de calamités et d'écroulements avec laquelle le peuple veut en finir. (Marques d'indignation. Cris : Nous l'enlèverons nous-mêmes.) Seul, le drapeau rouge doit planer sur cette grande cité où le peuple vient de se dresser des limbes de la servitude, comme du fond d'un tombeau.

« Citoyens, le peuple, ne doit pas seulement délibérer, il doit exécuter lui-même ses décrets. Rendez-vous donc en masse à l'Hôtel-de-Ville, à ce foyer d'intrigue et de corruption où les bourgeois cyniques de l'autonomie communale, maîtres d'une armée d'employés et d'un budget formidable, ont tripoté pendant trop longtemps de véritables candidatures officielles en faveur de leurs caudataires; où, grâce à la tolérance inepte, à la complicité devrai-je dire, des gouvernements opportunistes, ils ont disposé abusivement, pour leur propagande électorale, des ressources de la Commune et des emplois qui devraient être réservés sans privilège à tous les enfants du peuple.

» Donc, sus à ces bourgeois! La Seine coule près de l'Hôtel-de-Ville. (Ricanements). Si vous ne voulez pas que la Révolution sociale se borne à un misérable avortement, à une manifestation de l'impuissance du peuple, montrez-vous implacables! Que le fer et le feu, que les pavés eux-mêmes vous servent à exterminer les derniers rejetons de la bourgeoisie spoliatrice. » (Cris et trépignements.)

Le citoyen Eudes parle au nom d'un autre groupe. Le Comité exécutif a entrepris de former une armée populaire. Mais il s'est bien gardé de solliciter le concours du général Eudes. Sans doute, on ne le trouve pas assez opportuniste pour figurer dans l'armée de la pseudo-Commune de l'Hôtel de Ville! (Marques d'indignation.) Eh! bien, il est temps d'en finir, n'est-ce pas? (Oui! oui! à l'eau! à mort!) « Que cent citoyens dévoués me suivent! Dans une heure le peuple sera délivré de la poignée de gredins qui a osé essayer de le braver! (Explosion de cris d'approbation.) Extirper les derniers débris de la bourgeoisie, voilà le salut du peuple, voilà le premier de vos devoirs! (Applaudissements.) S'il faut défendre ensuite Paris contre les hordes étrangères, citoyens, je suis là, je marcherai à votre tête, à la tête de la grande armée révolutionnaire! » (L'enthousiasme tient du délire).

Un citoyen inconnu vient au nom d'un autre groupe critiquer l'amnistie qu'il trouve insuffisante. Il demande qu'elle soit étendue aux actes qualifiés crimes et délits de droit commun. « Ces victimes de lois tyranniques établies et appliquées par les riches et les oppresseurs, notre conscience les absout. Délivrons donc ceux de nos frères qui souffrent dans les cachots des bourgeois. Ils ne sont pas coupables, eux : le coupable, c'est l'état social! » (Applaudissements).

Le citoyen Grandet, du *Cri du peuple* ne s'explique pas que le premier acte de la politique du Comité exécutif n'ait pas été d'anéantir l'œuvre de l'odieuse politique extérieure des régimes déchus. Va-t-on, au mépris de toute justice, conserver les colonies volées par la France? — Il faut, dès maintenant, rappeler en France tous les citoyens qui vivent en Algérie, en Tunisie, et dans tous les pays où flotte le pavillon tricolore à jamais deshonoré. Il faut faire cesser du même coup leur exil et l'oppression des populations indigènes. Ce que l'on appelle action civilisatrice en Europe n'est que rapt, vol, meurtre. L'action du

Peuple souverain aura pour effet d'assurer la liberté au dehors comme au dedans, et d'imposer aux classes oppressives la soumission, ou la mort! (Applaudissements).

Le délégué de la *Faulx*, groupe indépendant d'études sociales, expose qu'à son avis jamais les bourgeois ne pourront appliquer loyalement et sans arrière-pensée le programme socialiste dont le principe essentiel est la mise en commun des instruments de travail. Personne, dans le peuple, n'est plus assez naïf pour s'imaginer que des bourgeois enrichis poursuivraient sans trahison cette réforme sociale. Le peuple sera donc impitoyable pour les bourgeois qui tenteraient encore de le duper. Quelles que soient ses colères, il est absous d'avance! (Bravos et applaudissements).

La citoyenne Louise Michel, présidente : « Citoyens, l'heure est avancée, tandis que nous délibérons, l'ennemi se fortifie peut-être, et conspire contre le peuple. Les observations des divers orateurs de tous les groupes ont été notées par le citoyen secrétaire. Je vous propose de transformer ces observations en une déclaration du peuple de Paris, réuni en congrès souverain. Cette déclaration aura force de loi. Voici un projet de déclaration que je soumets à vos suffrages :

» PEUPLE DE PARIS!

« Ta légitime souveraineté t'est rendue. Afin de

pouvoir l'exercer, tu décides que, provisoirement, une commission exécutive choisie parmi tes serviteurs les plus éprouvés recevra chaque semaine le mandat d'exécuter tes volontés.

» Pour la première semaine sont délégués :

à la Guerre. . . le général . . EUDES.
à l'Intérieur. . . . . FÉLIX PIAT.
aux Affaires étrangères. . . . GRANDET.
au Commerce. . . . . ALLEMANE.
aux Finances. . . . . JOFFRIN.
aux Postes. . . . . DUMAY.
à l'Instruction publique. . . LISSAGARAY.
à la Mairie de Paris. . . . . . CHABERT.

» Les délégations à la Justice, aux Travaux publics à l'Agriculture, à la Marine, et à la Police sont supprimées. Les Travaux publics et l'Agriculture sont rattachés au Commerce. La magistrature et la police sont abolies. Le maintien de l'ordre et l'observation de la morale sont placés sous la surveillance du peuple.

» Le drapeau rouge est substitué au drapeau tricolore. La classe bourgeoise est jusqu'à nouvel ordre déclarée suspecte. Les bons citoyens sont invités à veiller sur les actes et les paroles des suspects.

» Le délégué à l'Intérieur traduira immédiatement devant un tribunal révolutionnaire, dont les membres seront désignés dans la prochaine séance du Congrès, tous les ennemis du peuple.

» Les délégués aux Affaires étrangères et à la Guerre feront la paix avec les Allemands et s'occuperont du rappel de tous les colons français et de la libération de toutes les colonies. Après quoi ces délégations seront supprimées.

» Le peuple se gouvernant lui-même, le Suffrage universel est aboli. Les décisions du peuple seront prises à la majorité des voix.

» Le Conseil dit des élus de Paris et son comité exécutif sont sommés de comparaître devant le peuple et de lui rendre compte de leur usurpation.

» Toutes les fabriques d'armes et toutes les armes qui ne sont pas encore en la possession du peuple seront mises immédiatement à la disposition des délégués à la Guerre et à l'Intérieur.

» Amnistie est accordée par le Peuple souverain à tous les détenus ou condamnés, sans distinction.

» Signé : Le Peuple de Paris. »

Cette déclaration a été adoptée avec des acclamations unanimes. Elle a été imprimée aussitôt, et le lendemain matin elle était affichée à profusion sur les murs de Paris, où elle recouvrait les proclamations du gouvernement de l'Hôtel de Ville.

L'émigration continue. On ignore le sort des détenus politiques internés à Mazas et à la Conciergerie.

HUITIÈME DÉPÊCHE

Le gouvernement de l'Hôtel de Ville est dans les transes. Le Conseil qui siège en permanence est au courant de tout ce qui a été dit au Palais Bourbon. L'on va voir enfin ces hommes aux prises avec les passions populaires qu'ils n'ont pas hésité à déchaîner contre les républicains de raison, au mépris du bien public.

Les légions de la Commune déjà organisées devaient être envoyées dès demain hors de Paris. On se proposait de les exercer sur un terrain où l'on attend l'ennemi. Mais on vient d'apprendre qu'à la nouvelle de l'envahissement du Palais Bourbon elles se sont débandées. Un grand nombre de volontaires sont allés offrir leurs services au général Eudes. Les autres ont disparu. Le Comité exécutif n'a plus à sa disposition de forces suffisantes pour faire exécuter les décisions du Conseil.

Les pires situations ont leurs incidents comiques. Il a été impossible, ce matin, de retrouver le délégué à la Marine. Son secrétaire a fait quelques révélations sur cette disparition mystérieuse. Le citoyen délégué a suivi le courant de l'émigration. Il a déclaré à son secrétaire qu'il s'éloignait pour rester dans le mouvement qui allait très loin, trop loin, même. Il a ajouté que le besoin de sa présence ne se faisant nullement sentir, il allait inspecter les flottes de la Commune. Un citoyen est venu raconter qu'il l'avait vu à la gare d'Orléans prendre un billet pour Biarritz. Il était accompagné d'une citoyenne qui abandonne, pour le suivre dans son inspection, son poste de la brasserie du *Lapin jaune.*

Tandis que le Conseil délibère sur le parti à prendre pour faire face à la situation, la populace organise un système de barricades autour de l'Hôtel de Ville. Va-t-on déférer à la sommation du Congrès? Faut-il considérer le mouvement populaire comme une insurrection et le réprimer? Quelques membres sont de cet avis; mais les moyens de répression font défaut. Se démettra-t-on du pouvoir? Ce serait reconnaître qu'on l'a usurpé et qu'on s'est ainsi insurgé contre le peuple. Ces ambitieux qui ont tant agacé la démagogie, tremblent, affolés, devant ses effrayantes colères.

Il a été enfin décidé que le Comité exécutif serait délégué tout entier au Congrès. Il a mission de représenter au peuple que, dans le péril qui menace Paris, les élus de cette cité avaient regardé comme un devoir de prendre la direction des affaires. Le mandat qu'ils tenaient du peuple les désignait naturellement pour cette tâche. Le danger écarté, ils sont décidés à convoquer les électeurs pour la formation d'une Convention nationale. Il importe que, dans des circonstances aussi solennelles, le peuple de Paris donne au monde un exemple éclatant de vertu démocratique, d'union et de concorde, etc.

NEUVIÈME DÉPÊCHE

Ce matin, à dix heures, le Comité exécutif de l'Hôtel de Ville a fait prévenir la citoyenne Louise Michel qu'il demandait à être entendu par le peuple. Je dois vous dire que la salle du Palais Bourbon n'avait cessé d'être comble depuis la veille.

L'entrée des membres du Comité dans la salle est saluée par une bordée de sifflets, de huées, de vociférations. Le Comité n'est pas au complet. Les citoyens Yves Guyot, Songeon, Mathé et Dreyfus trouvant que la plaisanterie allait au delà de leurs ambitions ont suivi l'exemple du citoyen Tony Revillon.

Le citoyen Clémenceau monte à la tribune. (Voix diverses : Enlevez le raseur ! Asseyez-vous dessus ! A l'eau le dictateur de Montmartre ! Ne le laissez pas causer ! Qu'il aille à l'Opéra faire danser des cocottes !)

La citoyenne Louise Michel : — Citoyens, vous êtes des juges. Je vous demande un peu de silence afin qu'on entende les accusés. (Tonnerre d'applaudissements.)

M. Clémenceau essaie de justifier les actes du Conseil. Mais ses protestations de dévouement à la cause du peuple et les assurances qu'il donne de la loyauté des intentions du conseil des élus sont accueillies par des ricanements et des interpellations insultantes. Au premier banc de l'hémicycle le citoyen Joffrin interrompt continuellement l'orateur. Il gesticule, hausse les épaules, frappe sur sa cuisse avec indignation et finit par demander la parole.

Le bruit couvre de nouveau la voix de l'orateur.

M. Clémenceau. — Mais, si vous refusez de m'entendre, comment me jugerez-vous? La justice du peuple ne veut donc pas être éclairée? Citoyens, la liberté de la parole est un des principes essentiels de la démocratie!

M. Joffrin. — Allons donc! Est-ce que vos amis n'ont pas étouffé la voix de Gambetta à Charonne? Est-ce que vous avez protesté alors au nom de la liberté de la parole? Pourquoi réclamez-vous pour vous la loyauté dont vous n'avez jamais fait preuve à l'égard de vos adversaires? Vous savez bien que nous n'avons plus besoin de vous entendre pour vous connaître. N'essayez donc pas de nous la faire aux grands principes; nous ne tolérerons pas que vous preniez devant le peuple les attitudes hypocrites qui vous ont permis de vaincre et de dépouiller telle ou telle fraction de la bourgeoisie. (Trépignements et applaudissements. Cris : Assez causé, le dictateur! Assez causé le gommeux!)

L'orateur est contraint de quitter la tribune sans ajouter un mot.

Le citoyen Joffrin, à la tribune. — Citoyens, de tout temps, dans tous les pays, le peuple opprimé a eu la candeur de choisir, parmi les dissidents et les déclassés des castes opprimantes, ses mandataires et ses tribuns. Oui, ce sont les déserteurs des camps ennemis qui nous ont jusqu'à ce jour conduits au combat pour l'émancipation sociale; vous savez assez ce qu'il en a coûté au peuple de sueur, de sang et de larmes. Aujourd'hui, nous tenons la victoire malgré eux : pensez-vous que nous devions leur abandonner le gain de la bataille, et continuer le rôle de dupe que tant de générations de prolétaires ont joué avant nous? (Cris : Non! non! Nous les plaquerons au mur!)

Le peuple peut se passer maintenant des services de ces transfuges de la bourgeoisie. Ces hommes-là ne sont pas des nôtres. Ils ne sont pas nos amis : ce sont des ennemis qui ont trahi leur cause. Après avoir exploité les ardentes et légitimes aspirations du peuple, ils deviendraient aussi dangereux pour nous qu'ils ont été funestes à la cause qu'ils ont trahie. (Applaudissements.)

Nous luttons de père en fils, nous, les prolétaires, pour notre délivrance et pour l'émancipation des générations à venir. Notre cause est aussi antique que l'humanité : c'est la cause des petits, de la canaille, de ceux qui de leurs souffrances alimentent le bonheur des autres. Qui donc oserait nous recommander la modération dans le choix des moyens? (Applaudissements frénétiques.) Les actes du peuple sont tous légitimes, quand il s'affranchit, quand il se préserve de la servitude, de la misère et de la faim! Or, voici le moment où ces hommes qui se font de la défense de nos intérêts une industrie lucrative, où ces camelots politiques qui se créent des revenus avec nos passions, notre naïveté, notre probité, nous deviennent inutiles : ils nous gênent, même, et il ne reste plus qu'eux entre le peuple et son règne. Eh bien, citoyens, la mesure n'est-elle pas comble, et refuserez-vous un dernier coup d'épaule pour débarrasser le peuple de ces déserteurs effrontés de la classe bourgeoise qui nous ont poussés devant eux au péril, à la barricade, à l'assaut de la citadelle sociale où nous sommes parvenus enfin à planter notre drapeau ? (Non ! non ! A mort les traîtres bourgeois !) Ceux qui espéraient avoir les dépouilles des vaincus, ceux qui ont toujours voulu voguer sur le flot populaire vont enfin expier leur fourberie ! Au fond, citoyens, c'est nous qui aurons été les plus malins. (Rires et trépignements).

Ne laissons donc pas échapper ces meneurs de la bande qui espère nous asservir ! (L'orateur désigne les membres du Comité). Décidons que le Comité de l'Hôtel de Ville comparaîtra devant le tribunal révolutionnaire qui doit fonctionner ici dès demain. Ces hommes-là nous appartiennent : ils sont les otages de la justice du peuple ! (L'orateur descend au milieu d'une tempête de bravos, d'applaudissements et d'acclamations.)

M. Clémenceau monte à la tribune. Il prononce les mots suivants qui sont à peine entendus dans le tumulte général. « Je vous demande seulement, citoyens, de m'écouter pendant dix minutes. Si vous ne voulez accorder cette faveur à un homme qui a obtenu il n'y a pas un an les suffrages de 200,000 citoyens de Paris, respectez au moins les droits naturels de tout accusé... (Cris : Assez de paroles! enlevez le carabin! au mur!)

Le citoyen J. Guesde monte à la tribune. — Citoyens, les industriels dont le peuple fait usage pour pousser à l'accomplissement de la révolution sociale lui deviennent un jour inutiles et même nuisibles. Ils sont alors exposés à ce qui arrive au citoyen Clémenceau. Tous les républicains bourgeois ont subi la même fatalité. Dès qu'on n'a plus besoin de leurs services, si méprisés au fond, on n'a plus la patience de les écouter. On sait ce qu'ils ont à dire et la cause est entendue depuis longtemps. Donnons-nous cependant la haute satisfaction d'exprimer à ces débris de la bourgeoisie que va submerger le flot révolutionnaire les sentiments qu'ils inspirent aux véritables hommes du peuple.

Que les hommes de la coterie dite intransigeante le sachent bien, le peuple n'a jamais été leur dupe. Le peuple avait à combattre la réaction et la république opportuniste. Il est venu à bout des ennemis qu'il avait en face de lui. Mais sa victoire serait incomplète s'il ne se défaisait pas des instruments brouillons et avides qui l'ont aidé, dans un but intéressé, à diviser et à vaincre toutes les réactions.

Le peuple n'a jamais eu beaucoup d'estime pour le caractère des intransigeants, ni pour la fin véritable, ni pour les moyens de leur politique. Ces auxiliaires de rencontre étaient suspects à tous les enfants de la grande famille des prolétaires. Le citoyen Clémenceau, qui disait à Versailles le 20 mars 1870 : « Il y a en France une autorité souveraine, c'est cette assemblée, je n'en connais pas d'autre » n'était pas avec le peuple, qui goûta, à cette époque, quelques semaines de liberté cruellement expiées, de cette liberté qu'il retrouve aujourd'hui, et qu'il saura conserver. (Oui! oui! Applaudissements. — *Une voix :* Ne réchauffons pas cette vipère gelée). — M. Clémenceau, qui proteste, est rappelé à l'ordre.

Quant aux procédés des intransigeants, le peuple en a profité par nécessité, mais il leur en laisse toute la responsabilité et toute la honte. Cet art de jeter sournoisement le ridicule sur leurs adversaires, d'outrager leurs contradicteurs, ces arguments pétris de calomnies, d'insinuations et de mauvaise foi, cette attitude suffisante et prétentieuse que prenaient les hommes superficiels de ce parti pour faire la leçon à des adversaires plus convaincus et plus instruits qu'eux, tout cela choquait sourdement la généreuse conscience du peuple. On ferait un recueil étonnant des monstruosités que des députés intransigeants ont débitées au peuple dans toutes sortes de circonstances. Même pour démontrer une vérité, ils se servaient d'arguments vicieux et parfois stupides. L'un d'eux, combattant un jour la politique coloniale, affirmait sans sourciller que les pays riches en colonies sont en décadence. Et il citait... l'Espagne! Ces gens-là nous croient vraiment trop primitifs! (Applaudissements.) Le peuple ne fonde pas ses jugements sur des motifs aussi ineptes. Il s'en tient à ce principe que nul n'a droit d'user de sa force pour asservir autrui.

Les intransigeants ont cru endormir notre défiance par leur acharnement à déchirer les hommes dont ils voulaient prendre la place. Ils ont cru nous tenir ainsi sous leur domination. Pour nous ensorceler, ils avaient imaginé une recette très simple : ils avaient coupé en deux une phrase de Gambetta, et ils lui reprochaient avec une indignation de mélodrame d'avoir dit qu'il n'y a pas de question sociale. Ces gens-là pensaient que nous serions assez démesurément stupides pour leur avoir de la reconnaissance d'un subterfuge qui est une mauvaise action et une lâcheté. Le peuple se soucie peu qu'il y ait une ou plusieurs questions sociales, et que ce problème soit agité entre les bourgeois maigres et les ventripotents. (Applaudissements.) Qu'il y en ait une ou plusieurs, dès qu'il sera le seul maître il saura bien les résoudre! (Bravo!)

Citoyen, ce n'est pas pour devenir ministre que les vrais amis du peuple se plaignent de leur souffrance et aspirent à une situation meilleure. Aussi, quand ils sont trop faibles pour anéantir les oppresseurs en une révolution, ils pensent qu'il faut agir prudemment et se contenter quelque temps d'un minimum de soulagement. Mais ceux pour qui la misère du peuple est une ficelle de rhétorique n'hésitent pas à exposer la société à une réaction, pour exploiter une politique de casse-cou qui peut les mener à la fortune et au pouvoir. Perdre la moindre parcelle de cette liberté si précieuse, si péniblement conquise, et cela au bénéfice de quelques politiciens effrontés, voilà la plus intolérable calamité qui puisse peser sur le peuple. Le peuple marche vers son idéal. Il attaque, il use, il renverse tôt ou tard les politiques trop lentes; il méprise et redoute les hommes qui, pour satisfaire leurs cupides ambitions, précipitent la société dans une voie au bout de laquelle il faut retourner en arrière.

Ainsi, plus de bourgeois! Arrachons les masques dont ils se sont couverts pour escamoter les sympathies du peuple. Châtions les traîtres, éloignons les suspects et commençons la révolution sociale! (Tonnerre d'applaudissements).

Un citoyen pénètre dans la salle et annonce que les troupes de la police et de l'Hôtel de Ville ayant essayé de démolir des barricades, une mêlée s'en est suivie. (Tumulte inexprimable! Tout le monde se lève et s'agite.)

La citoyenne Louise Michel apaise d'un geste le tumulte et s'écrie :

« Saisissez-vous des otages qui sont venus s'offrir eux-mêmes à la justice du peuple. Ce ne sont plus des accusés : après ce que nous venons d'apprendre, ce sont des coupables! conduisez-les en lieu sûr. Citoyens, vous en êtes responsables devant le peuple. (Cris et menaces de mort.) Ce soir, à neuf heures, le congrès reprendra sa séance. Pour le moment, volons tous aux barricades. La Commune est en danger!

N'oubliez pas surtout que ce péril est l'épreuve suprême. L'humanité compte sur vos bras. Je lève la séance. » La citoyenne Louise Michel arrache alors le trophée de drapeaux rouge et le distribue à la foule.

DIXIÈME DÉPÊCHE

La terreur règne dans Paris. De sanglants massacres ont eu lieu hier dans les prisons et sur la voie publique. Le gouvernement de l'Hôtel-de-Ville a été balayé par l'insurrection : il n'en reste plus trace. Impossible de savoir au juste le nombre des victimes qui ont péri dans les prisons. L'abord en est gardé par des citoyens armés.

Les prisonniers détenus pour crimes et délits de droit commun ont été relâchés. Leur premier acte a été d'égorger leurs gardiens.

Le journal de Rochefort contient ce matin un article d'une violence inouïe contre le citoyen J. Guesde. Il paraît que cet article va provoquer une scission dans le Congrès entre les anarchistes et les collectivistes.

Le marquis de Rochefort est le coryphée de cette sanglante orgie communarde. On croirait voir le spectre grimaçant de l'ancien régime se dresser au-dessus de l'infortunée démocratie française et se venger d'elle en la précipitant dans un tourbillon de folies et de crimes.

Les collectivistes ne laisseront pas de se défendre

contre les insinuations de Rochefort. Mais la discorde n'en est pas moins au camp d'Agramant.

ONZIÈME DÉPÊCHE

La séance d'hier soir a été très orageuse. L'union des socialistes n'est plus qu'un souvenir. Un anarchiste a déposé une motion tendante à ce que les collectivistes possibilistes, suspects de modérantisme, soient exclus des commissions exécutives. Les arguments qu'il fait valoir sont tirés de l'article de Rochefort. « Tous les membres du congrès, dit-il, sont d'accord sur les mesures urgentes qu'exige l'intérêt du peuple. Mais tous n'aspirent pas, en définitive, au même but. Les uns prêchent la solidarité sociale, qui est pour l'individu une vraie servitude; les autres la liberté absolue de l'homme, sans Dieu ni maître. » (Applaudissements.)

Le *citoyen Joffrin* prend la parole. — « Citoyens, les exploiteurs des légitimes passions du peuple sont les plus lâches et les plus immondes des hommes, et Rochefort est le plus vil des exploiteurs de peuple. Quoi! sur un mot de cette abjecte canaille, cette semaine glorieuse qui a vu l'émancipation du peuple verra-t-elle aussi le réveil de ces rivalités mesquines que nous avions juré d'oublier, et qui vont nous diviser, nous affaiblir, peut-être nous faire perdre la grande partie que nous jouons? Nous avons vaincu la bourgeoisie renaissant obstinément de ses cendres. Où donc était le citoyen Rochefort à l'heure du danger? Est-ce pour faire de ce marquis un député et un rentier, que des milliers d'enfants du peuple ont affronté les balles bourgeoises et ont péri misérablement? Quelle preuve sérieuse a-t-il donnée de son dévouement au peuple, même au temps où ses actes secondaient indirectement nos efforts? Quand cet excrément de l'ancien régime, ivre de haine, mordit de ses dents baveuses l'opportuniste Gambetta, les mobiles de son ressentiment avaient-ils quelque chose de commun avec les droits méconnus du prolétariat? Le marquis se moquait pas mal du peuple : Gambetta lui avait fait du bien : Rochefort ne le lui pardonna pas. Il nous débarrassa du tyran, non en frappant comme un justicier, mais en mordant comme une bête enragée. Ces lâches sentiments n'entrent pas dans l'âme généreuse du prolétaire, et, quand nous atteignons nos ennemis, ce n'est pas avec du venin! (Applaudissements.)

Le peuple de Paris poursuit l'émancipation de l'humanité, et non les immondes vengeances de Rochefort. Pour parvenir à ses fins, il n'a pas à s'inspirer des élucubrations d'un déclassé teigneux qui fait le métier de rechercher les ordures de ses contemporains pour y tremper son nez! (Rires; Une voix : A la chienlit le marquis!)

Autre voix : — Il fera bien de se terrer le marquis!

Le citoyen Joffrin : — Citoyens, le peuple est patient et fort. Mais sa patience est à bout, et son poignard, fumant encore du sang des tyrans, est suspendu sur la tête de tous les ennemis de la liberté.

Citoyens, restons unis : nous serons formidables, et de nos délibérations sortira un état social durable, une ère nouvelle qui sera l'ère indéfinie de la liberté, du bonheur et de la lumière! » (Triple salve d'applaudissements.)

Un citoyen anarchiste répond : « Citoyens, ce n'est pas au journaliste Rochefort, à ce jouisseur esclave de ses haines, à cet instrument vénal de toutes les corruptions, ce n'est pas à cet asticot de la décadence bourgeoise que nous allons demander nos inspirations. Le citoyen Joffrin sait bien que nous n'avons jamais pris au sérieux les violences littéraires de ce paillasse. Ces fameuses lanternes qui faisaient, avec la musique d'Offenbach, les délices des cocottes et des rastaquouères de la cour impériale, ne sont aux yeux du peuple que des vessies gonflées de fiel et d'envie. L'intransigeance du marquis ne fut jamais qu'un truc littéraire et commercial. (Rires et bravos.) Décrétez son arrestation, nous sommes prêts à la voter. Pour ma part, s'il ne me restait qu'un coup de fusil, et si j'avais devant moi un opportuniste et Rochefort, maintenant que le peuple est débarrassé des bourgeois républicains, je tirerais sur Rochefort ! » (Bravos et applaudissements.)

Une voix. — Pas besoin de fusil ! Un peu de cendre et une pelle !

. . . .

. . . . Un violent tumulte se produit à l'entrée de la salle. Un cavalier de la Commune vient d'arriver, couvert de poussière. Il annonce que les parlementaires prussiens se sont présentés en avant des forts, et qu'ils ont remis un pli à l'adresse du commandant actuel de la place de Paris. Le général Eudes saisit ce pli. Et, après en avoir parcouru le contenu, s'élance à la tribune.

— « Citoyens, dit-il, le général en chef des troupes allemandes qui marchent sur Paris, nous invite à signer la capitulation de la place, à en désarmer immédiatement les troupes et la population, et à livrer les armes aux autorités allemandes qui se tiendront aux avant-postes : faute de quoi, l'investissement étant à peu près terminé, le bombardement sera commencé à l'expiration d'un délai de trois jours. » (Vive sensation.)

Je dois vous donner ici quelques renseignements sur la situation actuelle de l'armée française.

Ne recevant plus ni ordres ni renforts, informés seulement de leur destitution par le délégué Maujan, et n'ayant rien appris des derniers événements de Paris, les généraux français toujours toujours repoussés par des forces supérieures, malgré des prodiges de valeur, avaient été rejetés, les uns sur la Bretagne, les autres sur l'Auvergne. Les chefs de l'armée territoriale, ignorant la situation des autres armées, n'avaient opposé aux Allemands qu'une résistance dérisoire. Quant aux Allemands, leur plan était de mettre avant tout la main sur Paris. Ils espéraient obtenir ainsi, sans coup férir, la dissolution des armées qui pouvaient leur opposer encore quelque résistance, la constitution d'un nouveau gouvernement, et un traité de paix écrasant pour la France.

Les communards avaient complètement oublié la France envahie et l'Allemagne victorieuse. Le soudain rappel à la réalité que leur a dépêché le général prussien les a consternés.

Le général Eudes propose d'appeler à Paris toutes les troupes régulières disséminées dans la France. Avec leur concours on pourrait soutenir le siège et négocier une paix honorable. De violents murmures accueillent cette proposition. Personne ne veut de troupes régulières dans Paris. Rien ne serait plus périlleux pour la cause du peuple.

Plusieurs orateurs se succèdent à la tribune où ils émettent les motions les plus contradictoires et les plus incohérentes. Le tumulte devient indescriptible.

Soudain, un calme relatif s'établit. Le citoyen Crié gravit solennellement les degrés de la tribune, le citoyen Crié que l'on a baptisé « le Défenseur du peuple, l'apôtre des revendications plébéiennes ». Fièrement enveloppé dans un drapeau écarlate, il promène sur l'assemblée un regard tragique. D'un geste théâtral il demande le silence. Puis, de sa voix grinçante et grêle, il prononce les paroles suivantes :

« Il fallait, citoyens, que le peuple fût réduit à ne

plus compter que sur lui, pour s'élever du même coup jusqu'à la plénitude de sa souveraineté. Cette semaine aura vu le peuple renverser les autocrates sans pudeur qui l'opprimaient et arracher, jusqu'aux dernières pierres, les fondements de l'exécrable état social dont il a tant souffert. Car, il n'y a plus à reculer ! Le sabre prussien vient de crever lui-même le dernier abcès impur qui rongeait le peuple, le lien social. C'en est fait de ce sentiment délétère qui s'appela patriotisme, et qui est le foyer inextinguible de toutes les haines fratricides et de toutes les guerres. (Bravos et trépignements.) Remercions nos frères Allemands : ils ont terrassé ce qui restait debout de la féodalité militaire, l'armée. Avec elle, s'engloutira à tout jamais la ploutocratie... (Quelques murmures violents interrompent l'orateur.) Quoi ! nous aurions parmi nous des traîtres? Citoyens, il n'y a plus de Français, plus d'Allemands, il n'y a que des prolétaires. Désormais, plus de luttes fratricides, plus de frontières. Seul, le sang des traîtres, des hideux satellites de la tyrannie, des sectateurs imbéciles des dictatures intransigeantes ou collectivistes, doit couler, en expiation d'une effroyable série de forfaits ! (Applaudissements.)

Accomplissons avant tout cette cérémonie expiatoire. Point de vaines formalités : que le sang des oppresseurs lave le pavé de Paris, pour y effacer la trace de nos sueurs et de nos larmes ! (Cris : A mort les collectivistes ! Protestations.)

Peuple, ne proteste pas ! La vertu dont tu es le

messie attendu exige qu'une rosée sanglante inaugure ton règne. Quand le sang des traîtres aura apaisé la vertu indignée, nous tendrons nos mains purifiées à nos frères d'Allemagne. Nous leur dirons qu'il n'ont plus de Français à combattre, mais des frères à chérir ; que sous le soleil les peuples sont partout chez eux ; que nous avons brisé les barrières que la bourgeoisie stupide avait dressées et maintenues contre l'émancipation des travailleurs. Oui, nous leur tendrons une main amie, comme à des frères et à des sauveurs, et nous leur promettrons le secours de nos bras, afin qu'à notre exemple ils secouent le joug des tyrannies, et s'affranchissent de tout lien, de toute loi, de tout impôt. Le règne de ceux qui vivent de la sueur du peuple et trafiquent de son sang doit finir chez eux comme chez nous. Bientôt l'exemple de l'ex-peuple français volontairement désarmé, tendant les bras à l'Allemagne victorieuse et brisant ses lois tyranniques, amènera tous les peuples à participer à la fédération pacifique du travail! (Bruit.)

Citoyens, je propose que le peuple de Paris envoie à l'état-major prussien une délégation à laquelle seront adjoints quelques-uns de nos frères allemands des groupes socialistes de Paris. Cette délégation sera chargée de dire au général en chef : Général, vous êtes venu faire la guerre à la France. Eh bien, il n'y a plus de France! le peuple vient de décréter qu'il ne portera plus désormais l'étiquette humiliante d'une patrie. Vous n'avez donc plus qu'à vous retirer! (Acclamations et applaudissements). La délégation adressera en même temps aux troupes prussiennes un manifeste ainsi conçu : Frères, nous venons à vous, au nom du peuple de Paris, porteurs de paroles de paix. Nous venons de briser nos chaînes : nous vous exhortons à briser les vôtres. Proclamez chez vous l'anarchie sociale, et comptez sur notre appui pacifique. Notre conscience est pour vous. Fusillez vos tyrans et vos chefs, et vous inaugurerez ensuite, avec nous, l'ère de la fraternité et de la fédération universelle! —(Cris, tumulte, rires). Citoyens, ne doutez pas du succès. Il y a ici, parmi nous, des socialistes prussiens. Qu'ils parlent, et qu'ils nous disent s'ils doutent que nos paroles de paix soient bien accueillies, — (Une voix : c'est éfident, barvaidement, à pas les dyrans !) Les soldats prussiens je le jure, jetant leurs armes voudront s'unir à nous par les liens indissolubles de la paix, du travail et de l'anarchie ! »

Le général Eudes prend ensuite la parole pour déclarer qu'à son avis le seul moyen de préserver Paris d'un bombardement est de dissoudre l'État français et de proclamer l'anarchie. C'est une manière de faire le désert devant l'ennemi. Il n'aura plus aucune raison pour continuer la lutte contre des individus.

La citoyenne Louise Michel met la proposition aux voix. Mais l'épreuve est douteuse.

Le citoyen Chabert, monte à la tribune. « Citoyens, le seul moyen de soustraire le peuple aux violences des armées allemandes est évidemment de dissoudre la patrie Française devant leurs menaces. Comment d'ailleurs, ne saisirions-nous pas avec empressement une si excellente occasion d'anéantir le lien social abhorré qui, sous le nom d'État, a toujours opprimé le peuple ! Les individus qui désireront reconstituer un lien social moins tyrannique n'auront-ils pas, ensuite, la faculté de former des associations communistes? (Applaudissements, très bien, c'est cela !)

Donc, puisqu'il est entendu qu'il y a lieu de supprimer la patrie, et que tout le monde paraît d'accord sur ce point ; puisque, d'un autre côté, quelques-uns d'entre nous ne désirent pas la suppression immédiate et absolue de toute association, le peuple de Paris ferait sagement, à mon avis, de prendre la décision suivante : « La communauté générale désignée sous le nom de patrie française est dissoute. Sur le territoire de la ci-devant patrie française, il n'existe plus que des communes libres. Le peuple de Paris ne traitera avec les Allemands qu'au nom de la commune de Paris. La commune de Paris examinera ultérieurement s'il y a lieu de proposer aux communes tant de l'ancien corps de la nation française que des pays de langue étrangère, ainsi qu'aux autres associations communistes, de former une fédération internationale des communautés libres qui deviendra un jour la fédération universelle des peuples. »

Cette proposition est adoptée à l'unanimité.

DOUZIÈME DÉPÊCHE

La garnison de Paris n'ayant pas déposé les armes à l'expiration du délai signifié, les Allemands ont commencé hier un bombardement méthodique. Ils ont envoyé deux ou trois cents obus sur la ville. Jamais cette malheureuse cité ne traversa une semaine plus lamentable et plus sanglante. Les obus prussiens y font moins de victimes que les exécutions, les massacres, et tous les excès de la guerre civile.

Ce matin, le bombardement a cessé subitement. J'ai appris que le cabinet de Berlin venait de recevoir une note collective de tous les cabinets de l'Europe. Cette note exhorte l'Allemagne à user modérément de sa victoire. L'Europe lui demande de ne pas se borner à en recueillir les fruits légitimes. Elle tient à ce que la France ne soit pas anéantie, et elle exprime l'espoir que les vainqueurs s'occuperont sérieusement d'y rétablir un gouvernement régulier. De la sorte, il ne sera pas impossible à cet infortuné pays de reconstituer plus tard une partie de ses forces.

Les vainqueurs ont promis de déférer au désir de l'Europe. Mais l'histoire de France n'en est pas moins arrivée à sa dernière page. L'Allemagne exige en effet une indemnité de douze milliards, payables en douze ans. Elle exige la cession à la Belgique du département du Nord, et prend pour elle le reste de la Lorraine, la Champagne, la Franche-Comté, et l'empire colonial de l'Indo-Chine et du Tonkin. Elle impose à la France l'engagement de n'intervenir en rien dans le règlement de la succession de Hollande. Enfin, elle exige la livraison immédiate de cinq cuirassés de premier rang, cinq croiseurs de premier rang, cinq croiseurs de deuxième rang, de cinq transports de premier rang et de 25 torpilleurs, le tout armé, et du type le plus récent.

Quant à l'Italie, elle reprend la Savoie et Nice, la Corse, et demande deux milliards avec la Tunisie, ou à la place, une indemnité de cinq milliards payable en cinq ans.

Le commandant des troupes allemandes vient de réitérer l'ultimatum qu'il avait adressé aux Parisiens. Aucune réponse sérieuse ne lui a été faite.

TREIZIÈME DÉPÊCHE

Ce matin, tandis qu'une vive attaque était simulée à l'Est de Paris, une colonne allemande est entrée dans l'avenue de la Grande-Armée sans rencontrer de résistance. Elle s'est aussitôt divisée en plusieurs colonnes qui se sont portées sur les principaux points stratégiques de la capitale où elles ont établi des batteries de mitrailleuses. De forts pelotons de cavalerie ont alors parcouru les grandes voies qui sont aussitôt devenues désertes. L'apparition inopinée de l'ennemi au cœur de la place a mis fin à toute velléité de résistance.

D'abondants renforts sont bientôt venus rejoindre les troupes entrées le matin dans Paris. De fortes réserves sont massées dans le parc Monceau, au Luxembourg, à Montsouris, aux Buttes-Chaumont. Les places du Panthéon et de la Bastille et la Butte-Montmartre sont occupées par l'artillerie. Des patrouilles de cavalerie parcourent toutes les rues.

On vient d'afficher sur tous les murs de Paris une proclamation en français, signée du général en chef prussien, interdisant toute manifestation hostile contre les troupes d'occupation. Tout attentat à la sécurité des soldats allemands serait suivi d'exécutions impitoyables. Une administration allemande est constituée dans Paris, sous la haute direction du général en chef. Une commission municipale est en même temps nommée. Cette commission se compose d'une quarantaine de sujets allemands établis à Paris. On y compte beaucoup de libraires, plusieurs gros commerçants, des banquiers, des chefs de service de quelques importants établissements financiers, etc.

Le premier acte de la Commission a été d'imposer à la Ville une taxe de guerre écrasante. Elle s'est occupée ensuite des mesures à prendre pour rétablir l'ordre dans la capitale. Les Parisiens que la guerre civile avait éloignés de Paris sont invités à y rentrer.

Les fonctionnaires qui avaient été obligés de quitter leurs postes ont reçu l'ordre de s'y rendre sans retard.

Le général en chef a publié une nouvelle proclamation, pour déclarer au Peuple français, au nom de l'Empereur, que dès que l'ordre sera rétabli, il convoquera les électeurs pour nommer une Chambre qui aura à choisir un gouvernement régulier. Ce gouvernement ne sera reconnu par l'Empereur qu'après avoir souscrit le traité dont je vous ai fait connaître les conditions.

QUATORZIÈME DÉPÊCHE

Le Dictateur prussien vient de prendre une mesure qui démontre que l'Allemagne se conforme sérieusement aux recommandations de l'Europe. Une pension annuelle et viagère de 100,000 francs, inscrite d'office au budget des dépenses obligatoires de la Ville de Paris, est accordée à M. le marquis de Rochefort; mais il est interdit en même temps à ce dernier, sous peine de perdre tout droit à cette pension, de publier désormais une seule ligne sur les questions politiques.

Ce généreux et désintéressé démocrate n'a donc plus besoin de recourir à la diffamation, ni de fomenter la guerre civile, pour se procurer les 100,000 francs de rente dont il a besoin pour vivre. Les gouvernements choisis par la France vont pouvoir s'occuper de la France. Le sang ne coulera plus dans les rues de Paris incendié : Rochefort n'en a plus besoin pour jouir de la vie. C'est bien le peuple qui entretiendra encore ce marquis : mais, maintenant, il aura au moins de la paix pour son argent.

Rochefort aura donc la consolation de mourir comme il a vécu, en se moquant des trente millions de sujets qui restent en France « sans compter ceux de mécontentement », pour finir par un calembour qui a fait tant de fois les délices du troupeau d'oisons bridés dont il est l'idole.

POSTFACE

La morale de cette histoire, c'est que je « l'ay imprimée, tant pour relever de peine les curieux de veoir toutes nouveautez, que pour piquer ceux qui languissent encore soubs le joug de la tyrannie : car il faudra que les Français soyent parfaitement ladres clavelez, s'ils ne sentent ce poignant esguillon, et ne jettent pour le moins quelque souspir de leur mourante liberté » — (*Satyre Menippée.*)

TYBALL-WACHSAM.

Paris, le 24 janvier 1886.

TABLE

F. Aureau. — Imprimerie de Lagny.

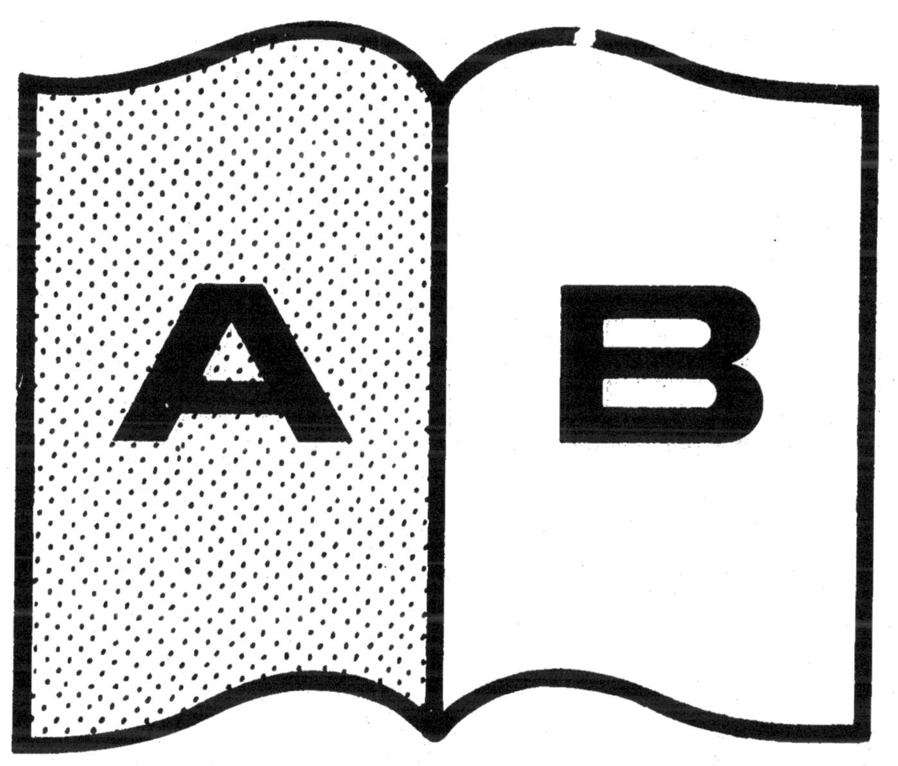

Contraste insuffisant

NF Z 43-120-14

www.ingramcontent.com/pod-product-compliance
Ingram Content Group UK Ltd.
Pitfield, Milton Keynes, MK11 3LW, UK
UKHW020309230726
13925UKWH00001B/306